Beschwerdemanagement
die Chance Fans zu gewinnen

Mein aufrichtiger Dank gilt

Gisela Nehrbaß
Ohne ihre Beteiligung und Motivation,
wäre dieses Buch nicht entstanden

Nicole Wendschuh
Für die Satz- und Covergestaltung

Ernst Crameri

Beschwerdemanagement
die Chance Fans zu gewinnen

Ein absolutes Muss für jede Firma, Organisationen,
Hotels und auch für Dich privat

Viele wertvolle Tipps, direkt
aus der täglichen Praxis

Bibliografische Information der Deutschen Nationalbibliothek
Die Deutsche Nationalbibliothek verzeichnet diese Publikation
in der Deutschen Nationalbibliografie; detaillierte bibliografische Daten sind im
Internet über http://dnb.d-nb.de abrufbar

1. Auflage
Ernst Crameri
Crameri-Naturkosmetik GmbH Beauty&Wellness

ISBN: 978-3-86689-025-1

Inhaltsverzeichnis

Das Buch ist gewidmet

Den Menschen, die mich schon sehr lange mit großer Treue begleiten, den unzähligen Kunden, welche mir die Chance bieten, meine Dienstleistungen zu überdenken, um Verbesserungen vorzunehmen. Den Kunden, die mich bereits seit vielen Jahren oder sogar seit Jahrzehnten begleiten.

Den vielen Anbietern auf dem Markt, deren Dienstleistungen ich in Anspruch nehme und die mir durch ihr Verhalten, sei es im Positiven genauso wie im Negativen helfen, daraus zu lernen und es besser zu machen.

All den Mitarbeitern, sei es aus den eigenen Reihen oder bei den Firmen, als Dankeschön für das, was diese teilweise aushalten müssen, weil etliche Chefs leider völlig unqualifiziert sind. Nicht das nötige Feingespür an den Tag legen, welches erforderlich wäre, um das Team zu leiten und zu führen.

Den Chefs, die leider ihre Leute in so manch unangenehmen Situationen alleine lassen. Dinge fordern, die sie selbst nie bewerkstelligen würden. Danke für das unendliche Durchhaltevermögen. Mögen sie alle das Buch als wunderbarer Wegweiser für ihr Leben mitnehmen, damit arbeiten und daraus eine große Meisterleistung generieren. Wir alle achtsamer und wertschätzender miteinander umgehen, um die Erde zu einem wundervollen Platz zu machen.

Vorwort

Sinn dieses Buches

Liebe Leser,

ein Dankeschön und klasse, dass Du dieses Buch gekauft hast. Was auch immer Dein Motivationsgrund gewesen sein mag. Ich finde es super, dass Du Dich mit einem der chaotischsten Themen beschäftigst. Wie viel Elend, Hass, Neid, Missgunst könnte man im Privaten wie im Geschäftlichen vermeiden, wenn man wachsamer durch die Welt geht. Jeder sagen würde, was er will und erwartet. Kehren wir in die wunderbare Kommunikationsmöglichkeit zurück, die uns mitgegeben wurde. Es ist als Geschenk zu betrachten, aus dem man unendlich viel gestalten kann.

Im privaten Bereich gibt es die ewigen Erwartungshaltungen, die nur in der Enttäuschung enden. Das Aufbegehren, dann das überspannte Reagieren, beleidigt sein, zu schmollen und sich tiefer in Unüberwindbarkeiten einzugraben. Keine gute Ausgangsbasis für ein harmonisches Leben miteinander. Schädlich für einen selbst, ständig unter Spannung zu stehen. Dies womöglich ein Leben lang. Schade, für das Kostbarste, was wir bekommen haben, unser Leben.

Im Geschäftsleben genau dasselbe. Auf der einen Seite gibt es die Firma mit ihren Dienstleistungen und auf der anderen die Kunden, die diese gerne kaufen möchten. Vorstellung und Wirklichkeit klaffen oft weit auseinander. Frust und Ärger, als feststehende Größenordnung. Dabei ist es einfach, wenn man klar, konkret, messbar und unmissverständlich kommuniziert. Kommunikation muss immer die vier Aspekte beinhalten. Wenn es klar, konkret, messbar und unmissverständlich ist, kann darauf wunderbar aufgebaut werden.

Ein langer Weg, der vor einem liegt, den es sich aber lohnt zu gehen. Hier erhält man viel mehr Erfolg und Zufriedenheit, als Resultat dieser Handlungsweise. Sollte es tatsächlich einmal zur Ungereimtheit kommen, was sich leider nie vermeiden lässt, lohnt es sich ein Beschwerdemanagement zu führen. Leider machen das circa 2-3% der Unternehmer. Alle anderen sind meilenweit davon entfernt und wissen teilweise nicht einmal, wie das Wort buchstabiert und geschrieben wird. So kann man kein Rennen gewinnen. Im Schnitt sind es ca. 5% der unzufriedenen Kunden, die den Mund aufmachen. Da würde es noch einige mehr geben, die gerne etwas sagen möchten.

Nur um sich jedoch beschimpfen zu lassen und womöglich in die Ecke der Rechtfertigung gedrückt zu werden, lässt man es als Kunde und zieht seine Konsequenzen. Diese sind heutzutage auch wesentlich leichter zu bewerkstelligen, da nahezu alle Monopolstellungen, die es früher gab, fast gänzlich weggefallen sind. Was tut man da als Kunde? Man nimmt es zur Kenntnis und geht. Dazu wird man es noch vielen Menschen, mit Freude erzählen. Hier liegt solch eine große Chance für Firmen. Es ist in der Regel wirklich leicht, einen unzufriedenen Kunden zufriedenzustellen. Das erspart viel Ärger und eine schlechte Mund-zu-Mund-Propaganda.

In diesem Sinne wünsche ich Dir viel Erfolg. Wir wechseln doch alle einmal die Fronten. Mal sind wir in der Firma, welche auch immer und dann sind wir Kunde. So haben wir ein wunderbares Beispiel. Gehen wir ab sofort wachsam durchs Leben und arbeiten intensiv an uns. Wenn dies jeder tun würde, ginge es uns allen viel besser.

Ich wünsche Dir viel Spaß und Freude beim Lesen. Setze die Dinge um, die Du hier liest.

Alles Liebe Dein

Ernst Crameri

Ich habe bewusst die Du-Form gewählt

Sinn und Aufgabe dieses Buch ist es, endlich etwas zu bewegen. Auf der einen Seite, dass Du Dich als Kunde endlich wehrst, nicht mehr alles als gegeben hinnimmst. Auf der anderen Seite, Du als Unternehmer oder Mitarbeiter mit der Reklamation souverän umgehen kannst, das ist sehr wichtig. Es nicht als persönlichen Angriff siehst, den es mit allen Mitteln abzuwehren gilt. Nach dem Motto „Kunde, wie kannst Du nur so frech sein? Lege endlich deine Kohle auf den Tisch und dann haue ab. Du hast uns schon zu viel Zeit gekostet." Das darf und kann es niemals sein, mit solch einer Einstellung durch das Leben zu gehen.

Das „Du" um Dein Inneres anzusprechen

Beim „Sie" kann man sich viel leichter nicht angesprochen fühlen, es ignorieren. Das „Du" ist direkter und die Wahrscheinlichkeit, dass Du endlich aufwachst und es verstehst, ist viel größer. Solltest Du damit nicht umgehen können, oder es sogar vielleicht als frech empfinden, hast Du natürlich aus Deiner Sicht völlig recht. Dann mache bitte jeweils aus dem „Du" ein „Sie" und schon haben wir dieses Problem gelöst.

Wie kommuniziere ich

Kommunikation, als eines der entscheidenden Instrumente. Durch die Form der Ansprache steht und fällt alles. Das richtig Reden ist eine Kunst, die man lernen und stets verfeinern kann. Natürlich ist es kein Geschenk des Himmels, wie viele annehmen. Diese Menschen erkennt man an der netten Aussage „Ich kann das nicht, kann nicht so gut reden, bin nicht der geborene Redner." Das ist Unsinn, denn reden können wir schon als Kleinkind. Die Frage ist, was wir daraus machen. Es gibt auch supertolle Rhetorikseminare, die jeden da ein großes Stück weiterbringen und dann natürlich das Gelernte üben und nochmals üben. Wenn dann noch unser Herzblut mit einfließt, sind wir ein schönes Stück weiter. Ohne das Herzblut bleibt es langweilig und es kommt zu wenig, oder fast gar nichts rüber. Was zum Herzen will, muss stets von Herzen kommen. Das solltest Du nie außer acht lassen.

Gebrauchsanweisung für das Buch

Vielleicht ist das für Dich ungewohnt, dass Du eine Gebrauchsanweisung erhältst. Im Wort ist klar das Wort „Gebrauchen" enthalten und das ist damit auch gemeint. Was nützt es, wenn Du in dem Buch ein wenig liest. Ab und zu ein Aha-Erlebnis hast und das war es dann? Wie oft wolltest Du in Deinem Leben etwas ändern? Und wie viel hast Du geändert?

Teile jede Seite in zwei Abschnitte

Die Buchmitte bedeutet für Dich, dass es einen oberen und folglich einen unteren Abschnitt gibt. Lese bis zur Mitte, halte kurz inne und überlege Dir, was für Dich das Wichtigste in dieser Passage ist. Dann schreibe es in die obere, weiße Fläche. Das nennt man einen Merksatz festhalten. Das Wort beinhaltet „Merken!" Genau das ist das Thema, sich die Dinge zu merken und daraus ableitend auch umzusetzen, sonst war es das. Genau hier hätten wir jetzt die Mitte. Also, halte an und schreibe es oben hin.

Ich finde nichts

Wir sind mit solch einer Aussage schnell bei der Hand. Das ist schade, und da gilt es unbedingt Abhilfe zu schaffen. Solch eine Einstellung ist von übel. „Weiß ich und kann ich alles!" Wenn Du auch zu diesem Typ Mensch gehörst, frage ich Dich „Was hast Du in Deinem Leben bewegt?" Halte es schriftlich fest.

1.) ______________________________

2.) ______________________________

3.) ______________________________

4.) ______________________________

5.) ______________________________

6.) ______________________________

7.) ______________________________

8.) ______________________________

9.) ______________________________

10.) ______________________________

Wenn Du das anschaust, was denkst Du? Ist das viel oder wenig? Wie fühlst Du Dich dabei? Hast Du überhaupt alle zehn Punkte ausgefüllt? Oder denkst Du, dass es unnötig ist? Willst Du es irgendwann nachholen? Diesbezüglich hat die Erfahrung eines gezeigt, wenn man die Dinge, die zu tun sind, nicht sofort erledigt, ist die Wahrscheinlichkeit, dass es ein Später gibt, relativ klein. Es werden viele Dinge dazwischen kommen, dass es fast nicht mehr realisierbar ist. Zum nächsten Punkt muss man sagen, dass es keinesfalls unnötig ist. Wenn Du wirklich die Veränderung suchst, musst Du diese einleiten. Da sind kleine Abschnitte von großer Bedeutung. Was denkst Du jetzt, hast Du schon viel gemacht oder nicht? Wenn ich dies frage, erhalte ich oft die Antwort „Kommt darauf an!“ Die Frage ist, auf was es ankommt.

Dein Fazit: ______________________________

Viel oder wenig bewegt

Die Frage ist, was willst Du erreichen? Ich gehe davon aus, dass

Du dieses Buch gekauft hast, weil Dich der Titel angesprochen hat, Du ernsthaft daran interessiert bist, etwas zu ändern und um Dir die Wichtigkeit nahe zu bringen. Beantworte im Schnelldurchgang die Fragen und schon hast Du die passende Antwort. Das Leben ist so einfach, aber wir Menschen nehmen es leider zu kompliziert.

- Lebst Du in einer glücklichen Partnerschaft?
- Wohnst Du so, wie Du Dir es vorgestellt hast?
- Hast Du Geld im Überfluss?
- Kannst Du Dir alles leisten?
- Fährst Du das Auto Deiner Träume?
- Bist Du glücklich?
- Bist Du gesund?
- Übst Du den Beruf Deiner Träume aus?
- Hast Du Dich gefunden?

Wenn Du diese Fragen mit einem klaren „Ja" beantworten kannst, herzlichen Glückwunsch. Da hast Du es bereits sehr sehr weit gebracht. Wenn nicht, lohnt es sich vielleicht doch noch, etwas daran zu arbeiten. Oder gehörst Du auch zu denen, die meinen „Die Auflistung ist nett, ist aber nicht alles!" Stimmt, da hast Du aus Deiner Sicht natürlich vollkommen recht. Nur ohne all das, ist alles nichts. Was ist Dein Fazit daraus? Lohnt es sich doch mitzumachen? Ich erlaube mir, die Antwort für Dich zu geben. „Ja!" Es lohnt sich immer. Du kannst dadurch nur besser werden, lernen und Dein Leben nach Deinen Vorstellungen gestalten.

Die meisten kommen in den Bereich hinein, wo sie denken, dass sie eh alles wissen und können. Sie denken, sie seien fertig.

„Wer glaubt, fertig zu sein, ist in der Tat fertig!"

Darum mache jetzt gleich mit, benutze das Buch gezielt. Teile es in zwei Hälften ein, in der Mitte machst Du jeweils einen Stopp und schreibst die für Dich wichtigen Dinge auf. Damit es nicht zu aufwendig wird, jeweils einen Merksatz oben und einen unten.

Ich kann doch nicht im Buch herumkritzeln

Das ist einer der schlimmsten Glaubenssätze. Das kann man nicht, jenes tut man nicht und so weiter. Was für ein Schwachsinn, wer sagt denn, dass man in ein Buch nichts schreiben darf? Du bist nicht mehr in der Schule, in der es Ge- und Verbote gab. Du bist eindeutig in der sogenannten Erwachsenenbildung, hier gelten andere Gesetze. Dies ist ein Arbeitsbuch und damit arbeitet man richtig intensiv.

Die Quintessenz am Ende jedes Kapitels

Wenn Du ein Kapitel durchgearbeitet hast, suche Dir aus Deinen gesamten Merksätzen, je nach Kapitelgröße, die drei wichtigsten heraus. Schreibe diese auf und reflektiere. Wenn Du noch einen Schritt weitergehen willst und es wie Vollprofis machst, schreibe diese drei Merksätze auf mehrere kleine Visitenkarten. Eine trägst Du in Deiner Hosentasche oder die Damen in der Handtasche. Jedes Mal, wenn Du diese öffnest oder in die Hosentasche greifst, wirst Du daran erinnert. Nimm sie kurz heraus und lese sie vor. Laut ist natürlich optimal, denn dadurch hörst Du es zusätzlich. Wenn das nicht geht, lese es zwei Mal leise.

Verteile die anderen Karten überall in der Wohnung und in Deinem Geschäft, soweit es eben machbar ist. Immer wenn Du eine Karte siehst, lese es vor. Es gibt hierzu eine alte Regel „Ständige Wiederholung schafft Wirklichkeit" oder

„In der Wiederholung liegt die Kraft!"

Sehe das bitte nicht als ein Geschenk des Himmels an. Das glauben leider viele Menschen, dass sich die Dinge von alleine regeln, ohne etwas dafür zu tun. Das wäre aber fast zu schön, um wahr zu sein. Zudem haben wir auf Erden nun einmal keine paradiesischen Zustände. Hier heißt es nach wie vor Aussaat und dazu die passende Ernte, wo alles von alleine geschieht. Ganz klar, das Prinzip von „Ursache und Wirkung“ kommt immer zum Tragen.

Am Ende des Buches

Es kommt der Tag, an dem Du am Ende des Buches angelangt bist. Dann notierst Du bitte aus allen Kapiteln, die fünf für Dich prägnantesten Merksätze. So wie Du das jeweils mit allen Karteikarten gemacht hast, machst Du es nun als krönenden Abschluss. Diese Karteikarten benutzt Du, respektive liest und wiederholst sie für die nächsten 200 Tage. Solange dauert es im Schnitt, bis sich neue Sachen manifestiert haben. Die alten Programme, die bisher automatisch abgelaufen sind, sich völlig eliminiert haben. Überschätze nie, was Du in kurzer Zeit alles erreichen kannst und unterschätze nie, was Du über einen längeren Zeitraum erreichst.

Wenn Du mit manchem nicht einverstanden bist

Ist das völlig normal und Du solltest es lassen. Das Schlimmste, was Du machen kannst, ist in die totale Ablehnung oder Opposition zu gehen. Beides tut Dir nicht gut, lasse es lieber, denn es würde Dir nur schaden. Mich wirst Du damit nicht erreichen können. Eine der größten Devisen ist, stets cool und souverän zu bleiben. Du erleichterst Dir dadurch Dein Leben, um ein Vielfaches.

Nie gleich alles ablehnen

Das ist eine schlechte Untugend, wenn Du so bist. Ich war früher sehr stark auf diesem Gebiet. Alles, was ich nicht kannte, habe ich abgelehnt. Das war nicht gut, dadurch ist mir manches verwehrt geblieben und dies nur aufgrund meiner komischen Einstellung. Mittlerweile bin ich sehr offen. Ich schaue mir die Dinge an und überprüfe, ob ich damit klarkommen kann und was mich eventuell stört. Erst dann treffe ich eine Entscheidung, ob es sich lohnt weiter zu investieren oder nicht.

Wenn es überhaupt nicht geht

Das passiert mir auch manchmal, dass ich ein Buch gekauft habe, bei dem der Titel mich angesprochen hat. Mit Begeisterung habe ich angefangen zu lesen und musste zusehends feststellen, dass weder der Stil noch der Inhalt meinen Vorstellungen entsprach. Was sollte ich tun? Mich jeden Tag hinsetzen und lesen? Mich dabei über diese feststehende Tatsache ärgern? Bestimmt nicht, dazu ist mir mein Leben zu wertvoll. Wenn es gar nicht geht, gebe ich das Buch weiter, und falls es niemand haben will, kommt es in den Mülleimer. Das ist besser, als mich zu ärgern. Viele meinen, das kann man doch nicht machen, man wirft keine Bücher weg.

Wieso denn nicht? Die Devise lautet, mich von allem, was mich belastet und quält, zu trennen. Das Leben ist in erster Linie eine große Freiheit, ohne permanente Konventionen. Das sind die Dinge, welche uns mittel- und langfristig buchstäblich krank machen.

Diskutieren, disputieren, angreifen

Was für ein riesiger Unsinn. Wer macht so etwas? Ganz bestimmt nicht erfolgreiche Menschen, denn die haben für solch ein Kasperletheater keine Zeit. Das Leben ist zu schade dafür. Die anderen, von denen gibt es genug, lieben dieses Spiel über alles. Diskutieren, bis zum Umfallen. Um jeden Preis wollen diese Leute recht haben, wie schrecklich sind diese Zeitgenossen. Ich bin mir hundertprozentig sicher, dass auch Du einige dieser Diskutierenden zur Genüge kennst. Was ist das für ein Volk? Stets alles besser zu wissen, selbst jedoch noch nie etwas bewegt zu haben. Nun denn, irgendwie muss man sein Leben auf Erden fristen und sei es mit unsinnigen Dingen.

Beschäftige Dich besser mit Deinem Leben

Oder wie der Volksmund treffend sagt „Kehre zuerst vor Deiner eigenen Haustüre, da hast Du genug zu tun!" Das glaube ich auch, lass die anderen einfach in Ruhe. Was Dich stört, belastet, dem entziehe Dich. Wenn das Buch oder der Inhalt, sollten es auch nur einige Passagen sein, nicht Deinen Vorstellungen entsprechen, überlege Dir, ob Du weiterlesen möchtest oder nicht. Wenn doch, nimm die Dinge für Dich mit, die Dich inspirieren, Dir gut tun. Alles andere lasse da, wo es hingehört, aber nicht in Dein Leben.

Aufgeteilt in Privates und Geschäftliches

Vielleicht wundert es Dich, dass ich den privaten Bereich mit ein beziehe. Was nutzt es, wenn es beruflich gut läuft und privat nicht? Also ist es wirklich unsere Aufgabe, beides im Gleichklang zu halten. Keine leichte Aufgabe, aber mit gutem Willen, zu bewältigen. Privater Stress wirkt sich auf den Beruf aus und umgekehrt.

Viele wünschen sich Glück

Was ist Glück? Darüber sind schon etliche Bücher geschrieben worden. Wo fängt Glück an und wo hört es auf? Aus was setzt sich Glück zusammen? Die Jagd nach Glück macht krank, das sieht man bei vielen Menschen. Auf die Frage, was sie gerne hätten, kommt immer Glück vor. Glück alleine gibt es nicht, es ist das Endresultat vorausgegangener Taten. Glück will erarbeitet werden. Da es nicht zu fassen ist und es sich um ein Abfallprodukt handelt, ist zu klären, woher Glück kommt. Es tritt genau dann ein, wenn Deine Parameter stimmig sind, Du Dinge in einer bestimmten Reihenfolge getan hast. Genauso schnell wie es da ist, wird es Dich wieder verlassen. Du kannst Glück weder festhalten noch kaufen, es ist ein sich verflüchtigender Zustand.

Glück privat und geschäftlich

Dazu gehört auf Frieden zu achten, sei es Zuhause in den eigenen vier Wänden oder im Geschäft. Wenn Du mit Reklamationen umgehen kannst, belasten sie Dich nicht mehr. Wenn Du als Kunde mit etwas unzufrieden bist, beschwerst Du Dich, ohne Dir vorher den Kopf zerbrechen zu müssen, was richtig ist und was nicht. Du tust es, weil es Dir ein Bedürfnis ist. Das hat den riesigen Vorteil, dass es Dich nicht mehr belastet, es Dir wesentlich besser geht.

Ärgern im privaten Bereich

Eine klare Analyse, wieso und warum das permanent geschieht. Wie so oft im Leben sind es die wiederkehrenden Dinge, die einem unendlich auf die Nerven gehen. Sachen, die den letzten Nerv rauben, das ist unnötig. Das Problem ist nur, wenn man sich darüber nie Gedanken macht, laufen stets die gleichen Muster ab. Ich bin erstaunt, wie oft sich die Menschen wegen den gleichen Bagatellen streiten. Man denkt als Außenstehender häufig „Wie kann man bloß so töricht sein und sich derart verhalten?“ Wenn man jedoch mitten im Geschehen steckt, sieht es anders aus. Schreibe auf der nächsten Seite alle Dinge auf, die Dich wiederkehrend ärgern.

Ärger ist ungesund

Das weiß jeder und dennoch wird es mit einer Wollust praktiziert. Es scheint fast, dass sich etliche ohne Ärger nicht wohlfühlen. Das ist ungesund, denn Ärger führt zur Adrenalinausschüttung und dieses Stresshormon will sofort verarbeitet werden. Dazu diente in Urzeiten die Flucht oder der Angriff, dazwischen gab es nichts. Und was machen wir, wenn wir uns ärgern? Vielleicht werden wir laut, brüllen kurz, ansonsten herrscht eisiges Schweigen. Jetzt ist das Blut mit dem Kampf- und Fluchthormon verseucht. Es kursiert in der Blutbahn und kann kaum abgebaut werden. Etwas Ungesünderes kann man sich fast nicht antun. Der Körper wird zusehends sauer und es zieht die Seele in Mitleidenschaft, die dieses Theater auch nicht mag. Der arme Geist streckt danach die Flügel. Hier heißt es aufpassen, dass man sich möglichst nie in solche Situationen hinein begibt. Darum gilt einmal mehr

„Wehret den Anfängen!“

Ersticke die Dinge gleich im Keim. In dem Stadium geht es noch relativ einfach. Je länger Du wartest, desto komplexer wird es.

Von der Theorie in die Praxis

Es nützt nichts, dass wir stundenlange Abhandlungen schreiben und dabei vergessen, in die Praxis Deines Alltags einzutauchen, denn dort spielt die Musik. Theoretiker haben wir genug auf dem Markt. Deshalb benötigen wir nicht noch weitere von der Sorte. In der Praxis spielt nach wie vor die Musik und genau mit dieser beschäftigen wir uns intensiv. Schreibe alles auf, was Dich im privaten Bereich permanent ärgert. Sei bitte ehrlich, bei den Punkten und schenke Dir jede Form der Beschönigung.

	Was ist es, was Dich ärgert?	Wieso ist das so?	Seit wann?
1.)	______	______	______
2.)	______	______	______
3.)	______	______	______
4.)	______	______	______
5.)	______	______	______
6.)	______	______	______
7.)	______	______	______
8.)	______	______	______
9.)	______	______	______
10.)	______	______	______

Schaffst Du zehn Punkte? Ich denke schon und ich vermute sogar sehr stark, ganz locker. Frech? Nein, so ist es doch. Solltest Du keine zehn Punkte haben, forsche nochmals nach. Ich erlebe es auf den Schulungen und beim Coaching häufig, dass sich die Leute etwas vormachen. Das ist eine schwere Krankheit, sich selbst besser darstellen zu wollen, als man ist. Du bist zurzeit so, wie Du bist. Je ehrlicher Du mit Dir umgehst, desto leichter kann darauf aufgebaut werden. Wenn Du jedoch, wie viele anfängst, Dich zu belügen, betrügst Du Dich in erster Linie selbst, das ist nicht intelligent. Denn Du wirst Dich ein ganzes Leben lang haben. Folglich schenke Dir solche Dinge. Wie fühlt sich das alles an? Was denkst Du? Jetzt kannst Du es natürlich so machen, wie die meisten Menschen, nämlich über die große Ungerechtigkeit jammern.

Dich selbst bemitleiden und anderen Menschen die Schuld geben. Dabei solltest Du stets bedenken

„Wer anderen die Schuld gibt, gibt ihnen die Macht über sein Leben!"

Das ist bestimmt nicht besonders intelligent. Deshalb sollte man diese Dinge tunlichst lassen. Trage stets die Verantwortung und mache eine Meisterleistung aus Deinem Leben. Jetzt gehen wir einen Schritt weiter. Wähle bitte die drei schlimmsten Bereiche aus.

	Was ist es, was Dich ärgert?	Wieso ist das so?	Seit wann?
1.)	____________________	________________	__________
2.)	____________________	________________	__________
3.)	____________________	________________	__________

Was denkst Du? Sind es Bagatellen oder richtig handfeste Geschichten? Wie oft wiederholt sich das Elend? Die sogenannte „Never Ending Story!" Diese gilt es zu durchbrechen, denn wir wollen sicherlich nicht immer die gleichen Geschichten erleben.

Das Leben ist Weiterentwicklung und in diesem Falle eher ein Rückschritt. Die embryonale Phase haben wir doch schon lange abgeschlossen. Wir suchen den schlimmsten Fall für Dich aus, denn wir können unmöglich überall beginnen. Damit würden wir uns verstellen und das Ende wäre klar. Die Geschichte hat uns seit Jahrhunderten gezeigt, was geschieht, wenn man überall anfängt.

Was ist es, was Dich ärgert? Wieso ist das so? Seit wann?

1.) ________________________ __________________ ___________

Es verhält sich wie mit Dominosteinen. Du musst nur den Richtigen antippen und sofort gibt es eine Kettenreaktion. Faszinierend, was hier geschieht und genauso ist das mit Störungen oder Problemen. Das Schlimmste angepackt, lösen sich alle anderen. Dieses Phänomen kennst Du bestimmt zur Genüge.

Dein Fazit: ____

Häufiges Ärgern im geschäftlichen Bereich

Du ärgerst Dich teilweise über manchen Kunden und auch als Konsument. Letztlich ist es eine schreckliche Situation, die stark von Ärger überfrachtet ist, dabei müsste das nicht sein. Es immer wieder Dinge gibt, die nicht optimal laufen, ist eine völlig normale Situation. Da wo Menschen sind, passieren Fehler. Das wird nie zu vermeiden sein. Die Frage dabei ist, wie gehen wir damit um? Finden wir eine schnelle Lösung oder handhaben wir das Ganze, nach dem Prinzip von Hauen und Stechen? Der eine sagt etwas und der Gegenüber schlägt zu. Das mag vor Jahrhunderten oder -Jahrtausenden gut gewesen sein, aber nicht in unserer zivilisierten Welt. Da sollten wir uns auf einer anderen Ebene unterhalten.

Kostbares wird zerstört

Ich finde es gravierend, da werden mit viel Mühe Firmen aufgebaut. Schöne, nützliche Dienstleistungen angeboten und dann scheitert es, weil kein Beschwerdemanagement vorhanden ist. Das kann und darf doch nicht wahr sein. Wie kann man derart durch die Welt gehen? Wenn ich darüber mit Firmeninhabern spreche, habe ich beinahe das Gefühl, diese Personen sind auf beiden Ohren taub. Dabei ist das immens wichtig und hilft sich stärker zu etablieren. Der Servicegedanke, wozu auch die Beschwerde gehört, scheint in unseren Breitengraden überhaupt keinen Platz zu haben. Wozu auch, damit Zeit verlieren? Es gibt zum Glück genügend Kunden.

Aus der Sicht des Kunden

Was ärgert Dich als Kunde permanent? Schreibe bitte alles auf, was Du erlebst hast und wieso Du Dich darüber ärgerst. In einem zweiten Durchgang machen wir das Gleiche, aus der Sicht der

Firma. Auch hier hundertprozentig ehrlich sein, das ist ein nachhaltiger Schritt. Notiere bitte jeweils, seit wann genau das so ist.

Was ist es, was Dich ärgert?	Wieso ist das so?	Seit wann?
1.) ____________________	________________	__________
2.) ____________________	________________	__________
3.) ____________________	________________	__________
4.) ____________________	________________	__________
5.) ____________________	________________	__________
6.) ____________________	________________	__________
7.) ____________________	________________	__________
8.) ____________________	________________	__________
9.) ____________________	________________	__________
10.) ___________________	________________	__________

Ich denke, die zehn Punkte waren für Dich eine Leichtigkeit, denn Du hast als Kunde viele Anlaufstellen. Da gibt es immense Möglichkeiten, um sich zu ärgern. Wenn Du die zehn Punkte anschaust, wie fühlt sich das für Dich an? Was empfindest Du? Jetzt reduziere es auf die drei schlimmsten Ärgernisse.

Was ist es, was Dich ärgert?	Wieso ist das so?	Seit wann?
1.) ____________________	________________	__________

2.) ______________________ _________________ __________

3.) ______________________ _________________ __________

Könnte man manches nicht vermeiden? Wenn Du alle Stationen anschaust, wie oft warst Du ehrlich und hast Deine Meinung geäußert? Wie oft hast Du nichts gesagt und Dich geärgert? Ja, es gibt einige Zeitgenossen, die beschweren sich über alles und jeden. Die meine ich natürlich nicht. Ich rede von denen und das ist die Mehrheit, die lieber nichts sagen und einfach nicht mehr hingehen. Wenn es keine andere Alternative gibt, sich lieber eine Runde ärgern, das immer wieder aufs Neue. Jetzt reduziere es auf Dein schlimmstes Ärgernis.

Was ist es, was Dich ärgert? **Wieso ist das so?** **Seit wann?**

1.) ______________________ _________________ __________

Wie oft soll das Spiel noch laufen? Meinst Du nicht, dass es an der Zeit wäre, endlich Frieden zu finden und auch zu schaffen? Ich glaube schon, denn das ist das höchste Gut für uns Menschen. Packe es an, mache jeden Tag eine große Meisterleistung und Du wirst dadurch um ein Vielfaches höhere Lebensfreude erfahren. Der zweite Vorteil daraus ist eindeutig, dass Du dadurch wesentlich mehr Energie Dein Eigen nennen darfst.

Dein Fazit: ____

Wie oft hast Du Dich über Kunden geärgert

Jetzt betrachten wir das Ganze aus Deiner Sicht als Dienstleister, egal ob Du Chef bist oder Mitarbeiter. Wie sieht es mit Euren Kunden aus? Sind alle lieb und nett, oder gibt es öfters Dinge des Anstoßes? Bei meinen Firmen-Erfolgs-Coachings erlebe ich oft die gleichen, wiederkehrenden Anstöße. Anstatt eine klare Analyse zu machen, lassen es die meisten Dienstleister weiterlaufen und sind erstaunt, dass es anscheinend nur blöde Kunden gibt.

Es gibt nur noch blöde Kunden

Diese Aussage finde ich interessant. Worauf man nur erwidern kann „Gut, die Kunden sind blöd und der Firmeninhaber ist der blödeste!" Das hört sich doch nett an oder? Da hätte sich der Kreis geschlossen, denn man hat nur die Kunden, die man verdient hat. Im Wort „Verdienen" steckt auch das Wort „Dienen!" Je nachdem, wie Du dienst, hast Du Dir Deine Kunden herangezogen.

Mir tun häufig die Mitarbeiter leid

Viele Mitarbeiter sind am Machen und Tun, die Direktion verschanzt sich in den Büros und lässt gewähren. Da muss unbedingt ein klares Schulungskonzept her. Mitarbeiter müssen regelmäßig trainiert werden. Nur ein Top-Team ist imstande, eine super Leistung zu bieten. Alles andere kann man glatt vergessen. Die meisten Chefs verstehen das leider nicht und halten diese Aussage für unnötig. Wozu denn auch? Es ging Jahre oder sogar Jahrzehnte ohne Probleme. Wieso soll etwas geändert werden?

Was ärgert immer wieder

„Gefahr erkannt, Gefahr gebannt!" Dies gilt auch in diesem Bereich. Wichtig ist, den Tatsachen ins Auge zu schauen. Letztlich ist jeder Kunde, der sich beschwert, einer zu viel. Dies gilt es unter allen Umständen zu vermeiden. Denn die Dunkelziffer an Kunden, die nichts sagen, ist um ein Vielfaches höher. Die meisten glauben, wenn der Kunde nichts sagt, ist alles in Ordnung.

Überprüfen wir es auf die Schnelle. Du warst in einem Restaurant und das Essen ist mittelmäßig. Die Bedienung kommt und fragt Dich, ob es gut war. Was sagst Du meistens? In der Regel doch „Ja!" Ich habe es mir angewöhnt, das Wort „Danke" zu sagen. Jemand der geschult ist, müsste den Unterschied heraushören und nachhaken. 99% der Bedienungen verstehen das aber nicht. Sogar wenn man sagt, dass es nicht in Ordnung ist, kommt nichts oder eine lapidare Aussage wie „Ich gebe es weiter!" Und an wen? Schreibe auf, was in Eurer Firma permanent passiert.

Welche Ärgernisse gibt es?	Wieso ist das so?	Seit wann?
1.) ______________	______________	__________
2.) ______________	______________	__________
3.) ______________	______________	__________
4.) ______________	______________	__________
5.) ______________	______________	__________
6.) ______________	______________	__________
7.) ______________	______________	__________
8.) ______________	______________	__________

9.) ____________________ ________________ __________

10.) ___________________ ________________ __________

Fällt Dir bei der Analyse etwas auf? Was denkst Du? Wenn ich das in den Schulungen oder beim Coaching durchführe, höre ich häufig „Das kann man doch nicht machen. Das war schon immer so!" Das ist eine fatale Einstellung, die man so nie stehen lassen darf. Diese Aussage ist zugleich auch eine Bankrotterklärung. Genau so wie „Ich würde gerne, aber........!" Wahnsinn, wenn ich etwas gerne würde, tue ich es. Dann warte ich auf nichts mehr. Je schneller die Dinge geändert werden, desto ruhiger wird es im Geschäft. Hier kann ich nur an die unzähligen Chefs appellieren, die auf beiden Ohren taub sind, es anzupacken. Nur werden sie dieses Buch nicht kaufen, geschweige denn lesen. Oft wissen sie noch nicht einmal, was ein Beschwerdemanagement ist. Reduziere das Ganze auf die drei schlimmsten Ärgernisse.

Welche Ärgernisse gibt es? Wieso ist das so? Seit wann?

1.) ____________________ ________________ __________

2.) ____________________ ________________ __________

3.) ____________________ ________________ __________

Was denkst Du jetzt? Vielleicht ist es Dir auch lästig, so viel denken zu dürfen. Genauso wie die stete Frage, nach Deinem Gefühl und Deiner Befindlichkeit. Sie ist jedoch wichtig, denn wenn es Dir gut geht, ist das schon die halbe Miete. Folglich mache bitte immer mit. Auch wenn Du denkst, jetzt nicht, ich werde das nachholen. Nein, setze Dich hin, beantworte kurz die Fragen und dann machst Du erst weiter. Manches wirst Du sofort verstehen, anderes bleibt Dir womöglich im Moment noch verschlossen. Plötzlich, während des Tages merkst Du, dass sich bereits neue Mechanismen und Verhaltensweisen eingeprägt haben. Du reagierst anders und daran kannst Du erkennen, dass sich bereits einiges getan hat. Jetzt reduziere es auf einen einzigen Punkt. Worüber ärgert man sich in der Firma immer wieder? Was ist das Schlimmste daran und wieso passiert es?

Dein schlimmstes Ärgernis?	**Wieso ist das so?**	**Seit wann?**
1.) ______________________	__________________	__________

Was denkst Du? Kann man etwas ändern? Oder sieht man es womöglich als unabänderliches Schicksal an? Hoffentlich nicht, denn es ist etwas sehr spannendes, den Gegebenheiten endlich auf den Grund zu gehen. Darauf aufbauend die Änderungen einzuleiten. Das Thema lautet auch zum Wohle aller.

Dein Fazit: ____

Sage genau, was Du hast

Dies ist ein dringlicher Schritt, auf dem Weg zum Erfolg. Richtig erfolgreich werden nur diejenigen, welche anbieten, was die Kunden mögen und in einer Performance, die ihresgleichen sucht. Sie tun dies nicht nebenbei, sondern haben sich dem Thema verschrieben.

In der Einfachheit liegt der Erfolg

Wir Menschen tendieren leider dazu, alles kompliziert zu gestalten. Dies ist in der Tat eine seltsame Eigenschaft, zu der sich alles hinbewegt hat. Man denke nur an die großartigen Gesetzgebungen oder nehmen wir das deutsche Steuerrecht. Das ist derart spannend aufgebaut, dass oft sogar die eigenen Leute Mühe haben. Kann es das wirklich sein, dass oft Gegensätze eingeleitet werden müssen, um das Alte ein wenig abzumildern und kurze Zeit später wieder ein neues Gesetz zu entwickeln?

Als Firma, überprüfe die Vereinfachung

Mache es Dir zur Aufgabe, die Abläufe Deiner Firma zu vereinfachen. Je schneller Du diese einleitest, um so leichter funktioniert es. Für das Team eine wunderschöne Ausgangsbasis, denn es ist einfacher umzusetzen, auch für den Kunden. Achte darauf, dass die Kundenfreundlichkeit zunimmt.

Auslobung der Produkte und Dienstleistung

Weniger ist mehr, je schneller der Kunde erfassen kann, was Du ihm zu bieten hast, desto leichter hat er den Über- und Durchblick. Es muss schnell und zügig gehen. Gestalte die Dinge nach dem Prinzip von „Wahrheit und Klarheit!“ Dies hat den großen Vorteil, dass der Kunde es sich genau überlegen kann, um zu einer Entscheidung zu gelangen. Dadurch wird die häufig auftretende Kaufreue eliminiert, dies ist ein großer Erfolg.

Beratung das A und O

Eine Top Beratung ist nach wie vor durch nichts zu ersetzen. In einer Beratung muss stets vorkommen „Lieber Kunde, was willst Du genau?“ Nicht ungefähr, sondern exakt. Halten wir die einzelnen Punkte fest:

- Klar
- Konkret
- Messbar
- Unmissverständlich

Das ist überhaupt nicht kompliziert. Klar bedeutet, dass es Transparenz hat und zu begreifen ist. Konkret heißt, genau so muss es sein und nicht noch jede Menge Spielmöglichkeiten offen halten. Messbar muss es in jedem Falle sein, denn dadurch kann es zu jeder Zeit genauestens überprüft werden, wie weit der Fortschritt ist. Was hat sich bereits alles getan? Wo klemmt es eventuell? Wie kann man dieses Problem gelöst bekommen? Zum Schluss muss es stets unmissverständlich sein. Ist Dir aufgefallen, was alles geschieht, wenn es zu den berühmten Missverständnissen kommt?

Das ist keine lustige Ausgangsbasis. Es gibt viel Wind um nichts, welcher sich im Vorfeld vermeiden lassen würde. Wenn das alles so durchgeführt wird, alle Positionen festgehalten sind, geht es an die Umsetzung. Je nachdem, um welches Projekt es sich handelt, kann man es sofort tun, oder es müssen Pläne geschrieben werden. Wichtig ist, dass man niemals in der Umsetzung Schwäche zeigt. Wenn der Kunde alles hat, folgt der nächste Schritt, die Kontrolle der Zufriedenheit und Begeisterung des Kunden. Ein wichtiger Parameter, den viele Geschäftsleute außer acht lassen.

Sage genau, was Du willst

Wer genau sagt was er will, bekommt auch das, was er will. Nur viele wissen selbst nicht genau, was sie gerne möchten. Alleine die komische Aussage „Es wäre halt schon schön" ist haarsträubend und nicht zu halten. Überlege Dir im Vorfeld genau, auf was Du hinaus willst, Du brauchst, wie und wo Du genau das erhältst. Viele Enttäuschungen könntest Du Dir durch Deine Klarheit ersparen.

Was willst Du

„Wenn ich das wüsste!" Ein Leben geschenkt bekommen und nicht wissen, was man genau möchte. Das ist komisch, findest Du nicht auch? Nein, eigentlich ist es normal, so leben fast alle. Und da fast alle so leben, wächst man genau in diesem Umfeld auf. Es wird zur Normalität und das ist schade. Denn die Jahre vergehen und eines Tages findet man sich im hohen Alter wieder, um dann womöglich in den gleichen Wehklang, in den viele verfallen, mit einzustimmen „Das soll jetzt alles gewesen sein? Ich habe es mir anders vorgestellt. Hätte ich doch nur damals!" Grausam und brutal, wenn genau das abläuft und man am Ende des Lebens zu solchen Erkenntnissen gelangt. Wenn dann noch die immer stärker werdende Altersarmut hinzukommt und so manches Gebrechen, spitzt sich das Ganze zu. Aus diesem Grund kann ich jedem empfehlen, vorher aufzuwachen und nie mehr zu warten.

Was willst Du wirklich

Vielleicht findest Du das merkwürdig, solche Fragen in einem Buch, über Beschwerdemanagement vorzufinden. Der erste wichtige Schritt, ist die Selbsterkenntnis. Das heißt, Du musst Dich selbst erkennen. Wenn Du das erreicht hast, hast Du sehr viel gewonnen. Der Volksmund sagt dazu passend „Das ist bereits die halbe Miete." Egal, ob Du jetzt Kunde bist, Chef oder Mitarbeiter.

In erster Linie bist Du Chef, das ist die Ausgangsbasis. Schreibe nachfolgend alles auf, was für Dich in Deinem Leben wichtig ist, wieso das so ist und zu wie viel Prozent Du das Ganze lebst.

Was willst Du wirklich?	**Wieso ist das so?**	**In Prozente?**
1.) ______	______	______
2.) ______	______	______
3.) ______	______	______
4.) ______	______	______
5.) ______	______	______
6.) ______	______	______
7.) ______	______	______
8.) ______	______	______
9.) ______	______	______
10.) ______	______	______

Hast Du etwas gefunden? Hier höre ich auf den Seminaren häufig, „Ich bin eigentlich ganz glücklich!" Wie kann man eigentlich ganz glücklich sein? Entweder man ist es oder nicht. Dann schaue ich den Leuten ins Gesicht und erkenne das Gegenteil. Hier kommt zum Tragen

„Kein Mensch kann auf Dauer verhindern, dass sein Gesicht sein wahres Wesen widerspiegelt!"

Also spiele nicht eine Rolle, stehe zu Dir. Nur wenn Du ehrlich bist, kann darauf aufgebaut werden. Vielleicht gehst Du nochmals über die Fragen. Denke bitte daran, in der Wiederholung liegt die Kraft. Solltest Du alles festgehalten haben, wie fühlt es sich nun für Dich an? Zu wie viel Prozent lebst Du in jedem einzelnen Bereich schon so, oder hast die Dinge erreicht? Nun gehen wir einen Schritt weiter, denn wir können nicht alles auf einmal lösen. Deswegen werden wir nun die drei wichtigsten Bereiche festhalten.

	Was willst Du wirklich?	**Wieso ist das so?**	**In Prozente?**
1.)	______________________	____________________	____________
2.)	______________________	____________________	____________
3.)	______________________	____________________	____________

Wie ist es jetzt, wo Du einen besseren Überblick hast? Oft ist es so, dass die meisten Menschen vor lauter Bäumen den Wald nicht sehen, dies ist sehr gefährlich. Oder der Berg scheint sich dermaßen hoch und dadurch unüberwindbar darzustellen. Deswegen geht man hin und teilt einen hohen Berg in viele kleine Etappen ein. So kann man sich wesentlich leichter fokussieren. Schritt für Schritt geht man gezielt voran. Wie fühlt es sich nun für Dich an? Geht es Dir bei dem Gedanken super? Spürst Du eine gewisse Energie und ein Potenzial? Reduziere das Ganze auf einen Punkt, den Du unbedingt willst.

	Was willst Du wirklich?	**Wieso ist das so?**	**In Prozente?**
1.)	______________________	____________________	____________

Das ist die sogenannte Krönung. Wie fühlt es sich an? Doch der pure Wahnsinn oder? Wenn dem nicht so ist, arbeite unbedingt daran, dass Du es hinbekommst. Es wird Dir dadurch supergut gehen und Du bist sehr viel weiter, als die meisten Menschen.

Dein Fazit: ______________________________

Wer weiß was er will, ist eindeutig im Vorteil

Diese Aussage finde ich sensationell, lese sie Dir nochmals durch. Arbeite unbedingt daran, dass Du zu jeder Zeit genau weißt, was Du willst und was nie wieder. Dadurch hast Du den großen Vorteil, dass Du niemals wieder Dinge dem Zufall überlassen musst. Das ist die schlechteste aller Ausgangsmöglichkeiten, denn Zufall ist das, was übrig bleibt. Was Dir zufällt, ist meist zu wenig.

Weg vom Funktionieren

Wichtig ist, dass Du diesen Pfad für alle Zeiten verlässt. Du sollst nicht funktionieren, sondern Dir genauestens überlegen, was für Dich wichtig ist und was nicht. Alleine durch diese Einstellung kommst Du in Deinem Leben zwangsläufig weiter, als bisher. Ich denke, dass dies Deine Bestrebungen sind, sonst hättest Du das Buch nicht gekauft und würdest damit arbeiten.

Dein Leben ist kostbar

Denke stets daran, es ist das Wertvollste, was Du mitbekommen hast. Deshalb liebe, schätze und achte es. Trete es nie mit den Füßen, das wäre schade. Eines der wichtigsten Prinzipien ist, stets liebevoll und mit Respekt sich selbst gegenüber durchs Leben zu gehen. Achte Dich mit allem, was in Dir steckt, mit Deinen unendlichen Fähigkeiten. Nutze Sie zum Wohle Deiner Mitmenschen und damit zwangsläufig zu Deinem Wohl.

Was willst Du nie wieder

Das ist doch ein tolles Thema, findest Du nicht auch? Sich endlich Gedanken zu machen, was man niemals wieder will. Oft sagen wir „Es reicht mir jetzt aber langsam!" Ein frommer Spruch ohne irgendwelche Konsequenzen. Das ist schade, wenn man derart durch die Welt geht, immer das Gleiche herunter betend. Wenn es einem langsam aber sicher reicht, müssen Konsequenzen folgen, sonst machst Du Dich lächerlich. Jemand, der herumquakt und keine Taten folgen lässt, den kann man nicht für voll nehmen. Darüber sind sich jedoch die wenigsten bewusst. Folglich ist es höchste Zeit, endlich eine Änderung einzuleiten.

Als Kind waren wir konsequent

Dann kamen die klugen Erwachsenen und haben versucht, es uns abzugewöhnen. Das haben diese so oft wiederholt, bis es nicht mehr anders ging und wir es endgültig verinnerlicht haben. Deswegen quälen wir uns nun seit ewigen Zeiten. Wir spüren und wissen, dass es langsam aber sicher reicht. Dennoch spielen wir das Spiel mit, dies gehört fast in den krankhaften Bereich. Sich permanent zu quälen und in der stetigen Hoffnung zu leben, dass sich die Dinge ändern mögen. Von alleine hat sich noch nie etwas getan. Wir müssen mithelfen und aktiv dabei bleiben.

Wir sind mit den unmöglichsten Glaubenssätzen zugeschüttet

Diese beeinflussen uns dermaßen, dass wir nur noch funktionieren, ohne nachzudenken. Es läuft automatisch ab, lässt uns dann erstaunen und letztlich darüber ärgern. Nur ärgern bringt uns nichts. Was gefragt ist, sind klare Entscheidungen und darauf aufbauend die Handlungen. In dem Wort ist „Hand" enthalten und das bedeutet, dass wir Hand anlegen müssen.

In die Schriftlichkeit gehen

Wir haben vieles im Kopf und glauben, es genau zu wissen. Letztlich ist es jedoch zu nebulös und nicht klar, konkret, messbar und unmissverständlich festzuhalten. Dafür haben wir die Schriftlichkeit. Was schwarz auf weiß steht, ist untrüglich und zu jeder Zeit nachvollziehbar. Über die Schriftlichkeit gehend, können wir jederzeit den Fortschritt oder Stillstand eruieren. Nun wollen wir alles aufschreiben, was Du nie mehr möchtest. Belüge Dich dabei nicht. Das Thema „Wahrheit und Klarheit“ muss für Dich zur großen Maxime werden.

Schreibe explizit auf, was Du nie wieder möchtest. Dann, wieso das so ist, denn es gibt für alles einen Grund. Je spezifischer dies deklariert werden kann, desto größer die Chance, dass es umgesetzt wird. Das Motiv sollte groß genug sein. Zum Schluss, bis wann hast Du es gemacht? Denn Wünsche hattest Du in Deinem Leben schon unendlich viele, davon leider wenige umgesetzt. Es geht klar darum, dass Du endlich vom Ärgern wegkommst, hin zum Handeln.

	Was willst Du nie mehr?	Wieso ist das so?	Bis wann?
1.)	______________________	__________________	__________
2.)	______________________	__________________	__________
3.)	______________________	__________________	__________
4.)	______________________	__________________	__________
5.)	______________________	__________________	__________
6.)	______________________	__________________	__________

7.) ______________________ ________________ __________

8.) ______________________ ________________ __________

9.) ______________________ ________________ __________

10.) ______________________ ________________ __________

Wie ist Dein Empfinden? Als ich das erste Mal diese Liste ausgefüllt habe, dachte ich, das kannst Du doch nicht machen. Dann habe ich gemerkt, wie mich die Glaubenssätze in Beschlag genommen haben. Keine gute Ausgangsbasis, musste ich leider feststellen. Zugleich stieg in mir Angst hoch, was ist, wenn ich das alles durchsetzen würde. Was die Leute, die es betreffen wird, sagen werden, wenn das zum Tragen kommt. Ich verspürte steigendes Unbehagen, denn es waren unendlich viele Punkte. Dadurch sah ich mich auf der einen Seite, vor einem riesigen Berg in dem Glauben, dass ich das nie schaffen werde.

Auf der anderen Seite hatte ich aber keine Lust, mich wieder zu quälen. Ich wollte einige Sachen nie wieder. Es konsequent umzusetzen, wollte ich auch nicht. Folglich musste ich feststellen, dass ich mich im Bereich der sogenannten „Halbschwangerschaft“ befand. „Halbschwanger“ ist genau die Geschichte von „Weder noch.“ Es ist kein witziger Zustand und diesen gilt es zu ändern. Wähle Dir die drei Bereiche aus, die Du nie mehr möchtest.

Was willst Du nie mehr? **Wieso ist das so?** **Bis wann?**

1.) ______________________ ________________ __________

2.) ______________________ ________________ __________

3.) ______________________ ________________ __________

Drei Dinge kann man leichter überschauen. Diese sind zu bewerkstelligen. Es ist leider die uralte Geschichte, wenn es zu viel ist, sind wir dermaßen demotiviert und fangen nicht an. In dem Wort demotiviert ist das „Motiv" enthalten. Und wenn wir keines oder nur ein Kleines haben, werden wir uns auch kaum in Bewegung setzen. Wer jedoch die aktive Form nicht anwendet, hat keine Chance. Denn der Wunschtraum von vielen, dass sich die Dinge von alleine tun, gehört ins Reich der Märchen. Die Musik wird jedoch auf der Erde gespielt und da heißt es nach wie vor „Ohne Fleiß keinen Preis!" Da nützt das ganze schön Denken nichts. Jetzt suche Dir bitte aus den drei Punkten, Deinen schlimmsten aus, welchen Du zügig erledigt haben möchtest.

Was willst Du nie mehr?	**Wieso ist das so?**	**Bis wann?**
1.) ____________________	________________	__________

Was denkst Du? Steht es fest, was Du nie mehr willst? Gibt es Dir ein gutes oder eher ein beängstigendes Gefühl? Oftmals sind wir dermaßen mit dem Alten verhaftet, dass wir lieber nichts ändern wollen, dadurch bleibt alles beim Alten.

Dein Fazit: ____

Loslassen, das große Lehrstück

Wenn wir Menschen uns mit einem schwer tun, dann ist es das „Loslassen." Wir klammern an allem fest, vor lauter Angst, dass wir sonst verloren sind. Das ist leider sehr übel und führt anstatt in die Freiheit, genau ins Gegenteil. Es wird zum großen Joch und dies gilt es, unter allen Umständen zu vermeiden. Irgendwann müssen wir alles loslassen, ob wir wollen oder nicht. Wie schön ist es da, wenn wir aus freiwilligen Stücken vorher damit anfangen, um uns buchstäblich in dieser ungeliebten Disziplin zu üben. Je besser wir das beherrschen, desto besser geht es uns damit.

Die Angst vor dem Loslassen

Fast alle klammern wie die Wilden und sind erstaunt, dass keine Hand für neue Dinge frei ist. Das Thema fängt jedoch bereits früher an. In der Kindheit werden oft solche Muster in die kleinen Kinderseelen eingebrannt. Die Angst vor Liebesverlust ist ein gerne gespieltes Spiel. „Wenn Du nicht lieb bist, hat Dich die Mami auch nicht mehr lieb!" Eine schreckliche Methode, den Kleinen Angst einzujagen und sie zu schwächen, anstatt zu stärken. Dies ist keine gute Variante und macht unglücklich. Das Thema wäre besser, die Kinder zu stärken, zu positiv denkenden Menschen zu erziehen und ihnen nicht Angst und Schrecken einzujagen.

Klammern ist eine Form von Krankheit

Was groß und stark werden will, muss in Freiheit wachsen können. Da wir das in der Regel kaum durch unsere Vorbilder, die wir damals kennengelernt haben, vermittelt bekommen haben, ist das Desaster groß. Du hast eben mit vielen Punkten eine Liste gemacht, die Du nie wieder möchtest. Aber wenn Du nicht bereit bist loszulassen, wird es leider nichts. Du hast keine Chance auf Veränderung, das ist traurig und macht unglücklich.

Was könnte im schlimmsten Fall passieren

Bevor Du Dich überhaupt nicht bewegst, frage lieber nach, was im schlimmsten Fall passieren könnte. Oft sind die Befürchtungen wesentlich größer, als was sich tatsächlich zuträgt. Da der Mensch stark zum Minimalismus tendiert, ist die Chance hoch, dass meistens überhaupt nichts läuft. Man lässt lieber alles beim Alten und klagt über die schlimmen Umstände, die man geschaffen hat. Hier heißt es, aufwachen und neue Wege gehen.

Wenn Du loslässt, tun sich neue Dinge auf

Das finde ich spannend, Du lässt los und dafür kommen neue Dinge. Du machst Dich frei und hast alle Möglichkeiten dieser Erde. Das ist doch absolut traumhaft und wunderbar. Was es dazu benötigt, ist Mut. Ohne Mut, das heißt, arm an Mut, landest Du zwangsläufig in der Armut.

Es kommt der Tag, wo wir eh loslassen müssen

Spätestens dann, wenn wir uns von dieser Erde verabschieden, heißt es „Adios!" Mitnehmen können wir nichts. Mit dem Tod ist alles vorbei. Kein sehr schöner Gedanke und dennoch permanent vorhanden. Es ist eine Größe, die wir nicht wegleugnen können, das müssen wir auch nicht. Wichtig ist, dass wir uns dessen bewusst sind.

Dein wichtigstes Wort heißt Nein

Es ist ein einfaches Wort, mit großer Wirkung und die meisten Leute können damit nicht umgehen. Wir würden oft gerne „Nein“ sagen und tun es nicht. So hauen wir uns selbst in die Pfanne. Wie kann man nur so verrückt sein? Sich derart zu belügen, das darf nicht wahr sein, dennoch tun wir es permanent.

Angst vor den Konsequenzen

Die latente Angst hat uns zu sehr gefangen genommen. Angst ist ein probates Mittel auf Erden. Sie fängt in der eigenen Familie an, erstreckt sich aber auch über alle anderen. Wenn wir die Geschichte verfolgen, war Angst stets ein willkommenes Instrument, andere klein und gefügig zu halten. Wenn jemand Angst hat, kann man ihn leichter formen und beeinflussen.

Viele wurden mit Angst erzogen

Angst als Erziehungsmittel, welches mit aller Gewalt umgesetzt wird. Auch wenn Du diesen Gedanken womöglich im ersten Moment ablehnst, lasse ihn dennoch zu und überprüfe in Ruhe, wie es mit Deinen Erziehern war. Welche Mittel haben diese eingesetzt? Wir Menschen sind begabte Verdrängungskünstler. Wenn wir aber ein wenig in die Tiefe gehen, stellen wir fest, dass uns die Dinge mehr getroffen haben, als wir annehmen. Schreibe Deine Ängste auf, wieso das so ist und seit wann diese vorhanden sind.

	Wovor hast Du Angst?	**Wieso ist das so?**	**Seit wann?**
1.)	____________________	________________	__________
2.)	____________________	________________	__________
3.)	____________________	________________	__________

4.) ______________________ __________________ __________

5.) ______________________ __________________ __________

6.) ______________________ __________________ __________

7.) ______________________ __________________ __________

8.) ______________________ __________________ __________

9.) ______________________ __________________ __________

10.) ______________________ __________________ __________

Wie ist Dein Gefühl? Wenn man seine Ängste aufgeschrieben und überprüft hat, seit wann diese vorhanden sind, kommt oft die Kindheit zum Vorschein und als Verursacher, die Eltern. Nun, wo Du all Deine Ängste fest gehalten hast, wie fühlt es sich an? Als ich es das erste Mal gemacht habe, erging es mir wie den meisten. Ich bin erschrocken, was alles zum Vorschein kam. Darum hoffe ich, dass Du es zugelassen hast, in die Tiefe einzusteigen. Viele versuchen abzuwiegeln, meinen, sie wären cool und bei näherem Betrachten ist das aber nicht so. Da kann ich nur sagen „Wacht auf und nehmt Euer Leben in die eigenen Hände. Geht endlich Euren Weg und macht eine Meisterleistung!“ Jetzt reduzierst Du das Ganze auf drei Ängste.

Wovor hast Du Angst? **Wieso ist das so?** **Seit wann?**

1.) ______________________ __________________ __________

2.) ______________________ __________________ __________

3.) ______________________ __________________ __________

Meine große Angst war damals das Alleinsein. Vielleicht kennst Du die Situation auch? Zu verdanken haben wir dies den netten Erziehungsmethoden. Das hatte sich tief eingeprägt, dass ich mich fast völlig verkauft habe, um nicht alleine zu sein. Ich habe Dinge getan, mich verbiegen lassen, aus Angst, alleine dazustehen. Irgendwann hatte ich nur noch zwei Möglichkeiten. Entweder weiter die Seele zu verkaufen, der es dadurch immer schlechter ging. Daran einen endgültigen Schaden zu nehmen oder die Änderung einzuleiten. Es hat leider zu lange gedauert. Seit vielen Jahren bin ich glücklich, alleine zu sein. Welch ein Traum, mir geht es richtig gut. Gerne in der Zweisamkeit, aber auch gerne für mich. So hast auch Du viele Beispiele aus Deinem Leben. Schaue sie Dir genau an und arbeite daran. Wovor fürchtest Du Dich am meisten?

Wovor hast Du Angst?	**Wieso ist das so?**	**Seit wann?**
1.) ____________________	________________	__________

Angst, die nicht überwunden wird, hat die Tendenz schnell zu wachsen und sich stärker zu manifestieren. Keine gute Ausgangsbasis für ein selbstbestimmtes und erfolgreiches Leben.

Dein Fazit: ____

Führt Dich das zu Deinem Ziel oder davon weg

Bevor Du überhaupt irgendetwas in Deinem Leben tust, halte vorher kurz inne und überprüfe es. Stelle Dir die Frage „Führt mich das zu meinem Ziel oder von meinem Ziel weg?“ Es ist so einfach, alles, was Dich zu Deinem Ziel führt, tust Du mit großem Engagement und alles, was Dich davon wegführt, lässt Du. Damit gelangst Du stärker in den Wohlfühlbereich und es geht Dir zusehends besser.

Das kann man nicht machen

Diese Aussage höre ich oft. Wer erzählt diesen Unsinn? Erfolgreiche oder die anderen? Nimm diese Frage als Parameter zur Überprüfung. Ich erlebe es täglich, Erfolgreiche gehen ihren Weg. Diese haben überhaupt keine Zeit und Lust, sich mit einem einengenden Glaubenssatz zu beschäftigen. Die breite Masse ist natürlich der Meinung, dass man dies und jenes nicht machen kann und darf. Was könnten die anderen denken. Man möchte nicht auffallen, das wäre das Schlimmste, was passieren könnte.

Die Frage ist, wo möchtest Du hin

Wenn es Dir egal ist, Du keine Ziele in Deinem Leben hast und es nimmst, wie es kommt, solange brauchst Du Dich natürlich nicht anzustrengen, wozu denn auch. Das wäre unnötig und ein viel zu großer Aufwand. Wenn Du Dir auch das Jammern schenkst, wunderbar. Dann kannst Du ein tolles und glückliches Leben führen. Wenn Du jedoch ein paar Ansprüche Dein Eigen nennst, heißt es entsprechende Leistung an den Tag zu legen. Da gilt es klar, keine einzige Minute länger zu warten. Mit Vollgas voraus und eins nach dem anderen zu bewegen.

Überprüfe nochmals Deine Firma

Überprüfe genau, was ist für Dich wichtig? Wo Deine Firma hin soll und was das alles beinhalten muss. Als Mitarbeiter überlegst Du Dir genau, ob das wirklich Deine Firma ist, Du damit klar kommst und alles bewegen kannst. Wenn nicht, heißt es, eine Änderung einzuleiten. Warte nicht, nach dem Prinzip „Was soll ich denn machen?" Suche nach Lösungen, arbeite intensiv daran und Du wirst zu einer großen Meisterleistung gelangen.

Überprüfe genau, was Du als Kunde willst

Mündige Kunden sind das A und O, auf dem Weg zu Glück, Frieden und Harmonie. Nur wer weiß, was er genau will, kann dies kommunizieren, einkaufen oder gleich zurückgehen lassen. Dazwischen gibt es nichts. Folglich fange an, wenn Du etwas möchtest, Dir im Vorfeld Gedanken zu machen, was es exakt sein soll und dann gibst Du das entsprechend weiter.

Die Chancen für Kunden und Firmen

Wenn wir uns über einiges endlich richtig bewusst sind, entdecken wir ungeahnte Chancen. Diese gilt es hundertprozentig für sich zu nutzen. Wie sagt der Volksmund passend „Wie man sich bettet, so liegt man!“ Es ist nicht eine Frage des Schicksals, sondern des eigenen Agierens. Schauen wir es uns im Einzelnen an.

Die Chancen

Chancen gehen nie vorüber, sie werden nur von anderen genutzt. Deswegen sei immer auf der Hut und beeile Dich, dass Du nichts verpasst. Vor lauter überlegen, wird nicht angefangen, weil man sich unsicher ist. Das ist sträflich und holt einem ein. Du musst permanent einen Tick schneller sein, als die anderen. Dazu gibt es die Affirmationen, die Dich stark machen.

Deine täglichen Affirmationen

Nachdem andere Dir kaum sagen werden, wie gut und toll Du bist, musst Du es selbst tun. Das ist ja auch kein Problem. Viele Menschen beten und so kannst Du danach gleich die äußerst positiven Affirmationen mit dazu nehmen. Tue es und halte es niemals für einen Blödsinn.

Sage Dir jeden Tag folgende Affirmationen

Ich bin

- A nders als die anderen
- B esser als die anderen
- C leverer als die anderen

- D raufgängerischer als die anderen
- E erfolgreicher als die anderen
- F ixer als die anderen
- G gigantischer als die anderen
- H öher orientiert als die anderen
- I ntelligenter als die anderen
- J ovialer als die anderen
- K osmischer als die anderen
- L ustiger als die anderen
- M utiger als die anderen
- N eugieriger als die anderen
- O rganisierter als die anderen
- P owerhafter als die anderen
- Q uerulanter als die anderen
- R edlicher als die anderen
- S iegessicherer als die anderen
- T affer als die anderen
- U ltimativer als die anderen
- V oluminöser als die anderen
- W ehrhafter als die anderen
- X anthiemenhafter als die anderen
- Y ounger als die anderen
- Z ielorientierter als die anderen

Für Dich als Kunde

Mache Dir vorher Gedanken, was Du möchtest und dann teile dies mit. Sollten die Dinge nicht stimmig sein, heißt es sich nicht ärgern, sondern klar und deutlich zu kommunizieren, um was es geht. Auch wenn Du womöglich denkst, dass dies nicht leicht ist oder sogar peinlich. Du wirst es überleben und es wird Dir danach hundertprozentig besser gehen.

Nehmen wir als Beispiel Essen gehen

Da überlege ich mir als Kunde im Vorfeld, worauf ich Lust habe. Ich werde nicht irgendein Lokal aufsuchen, sondern mache das gezielt. So kenne ich normalerweise das Ergebnis. Wenn ich Lust habe, zu Mc Donalds zu gehen, erwarte ich dort keinen Service, wie in einem gekrönten Sternelokal, das wäre unfair. In diesem Fall würde ich mich selbst belügen. Genauso geht es mir in umgekehrter Reihenfolge. Wenn ich mir das Besondere gönne, habe ich auch gewisse Ansprüche.

Es kommt auf die Details an

Genau darauf kommt es schlussendlich an, oder wie der Volksmund so passend sagt

„Der Teufel liegt im Detail!“

Es ist als Kunde meine Pflicht zu überlegen, was ich will und was nicht. Darauf gehen wir in den folgenden Kapiteln näher ein. Denn je öfters ich mich intensiv damit befasse, desto schneller kehrt Ruhe und Harmonie in mein Leben, das ist doch wunderbar.

Für Dich als Geschäft

Das erste Prinzip sollte sein, Ordnung zu schaffen, sich auf die Kernkompetenzen zu konzentrieren und keine Bruchlandung, nach dem Prinzip „Von allem etwas, nur nichts Richtiges“ hinzulegen. Das führt stets ins Chaos und davon hätten viele Geschäfte genug anzubieten. Also lassen wir es lieber gleich.

Dienstleistung und Produkte

All die Dienstleistungen klar zu definieren und darzustellen. Es muss Transparenz her, dass der Kunde sieht, um was es sich hierbei handelt. Dies hilft ihm ungemein beim Weiterkommen, dass er wirklich große Dinge bewegt.

Es läuft oft nicht alles glatt

Dies ist ein normaler Prozess, gewisse Mängel sollten nicht sein, aber können auftreten. Zum Beispiel hat der Kunde sich etwas anderes vorgestellt, ist unzufrieden oder kommt mit Kaufreue zurück, nicht gerade angenehm. Hier gilt es ein Beschwerdemanagement installiert zu haben. Das hilft, mit diesen Dingen schnell und professionell umzugehen. Wer das nicht hat und die Mitarbeiter im Regen stehen lässt, hat im Vorfeld verloren. Der Kunde ärgert sich und ist weg.

Die Chance für eine langfristige Kundenbindung

Kundenbindung ist heute das „A und O.“ Im Überangebot wird der Kunde permanent umworben. Billiger, noch besser, schneller, schöner und weiteres. So wird er dermaßen massiv mit zig Angeboten bombardiert, dass der Weg von Dir weg, ein kleiner ist. Früher hatten die Kunden ein stoisches Durchhaltevermögen. Man konnte sie förmlich treten und sie haben dennoch die Treue gehalten. Heute geht es schnell, ein Hauch Unzufriedenheit und es heißt „Adios." Dabei wäre es leicht, unzufriedene Kunden zu reanimieren. Es ist auf alle Fälle leichter und kostengünstiger, als neue Kunden zu gewinnen. Nur das scheint vielen Unternehmern überhaupt nicht bewusst zu sein. Sie leben in ihrer eigenen Welt und begreifen es erst dann, wenn immer weniger Kunden da sind. Spätestens jetzt ist das Geschrei riesig, dann ist es aber oft zu spät.

Schule Dein Team

Eine Firma ist nur so gut, wie ihr schwächstes Glied. Was nützt es, wenn Du mit einer Beschwerde umgehen kannst und Deine Leute keine Kenntnis davon haben. Oder Du es ihnen, wie viele Chefs, zwischen Tür und Angel beigebracht hast. Sie werden die Situation nicht bestehen und es wird im Chaos enden. Darum nimm Dir Zeit für Deine Leute, sie sind Dein wichtigstes Kapital, auch wenn Du öfters vom Gegenteil überzeugt bist. Denke daran, es hat stets mit Dir und Deiner Einstellung zu tun, entsprechend sind die Ergebnisse. Mehr darüber in einem der nächsten Kapitel.

Verständnis zeigen

Bei jeglicher Form von Beschwerde, sei es privater oder geschäftlicher Natur, heißt es erst einmal Verständnis zu zeigen. Man sollte nicht gleich in Opposition gehen. Dieses Verhalten finden wir oft im privaten Bereich vor. Da wird sofort der Gegenangriff gestartet und das ist leider von übel, ungesund und lässt das Ganze eskalieren.

Verständnis haben heißt nicht, mit allem einverstanden zu sein

Davor haben viele Menschen Angst, dass sie sich dabei verlieren. Das ist Unsinn, den man so nicht stehen lassen kann. Verständnis für den anderen hat mit Anstand zu tun und einer guten Kinderstube, in der das eine Selbstverständlichkeit sein sollte.

Wichtige Worte

„Ich kann Dich gut verstehen. Das tut mir leid!“ Eine Steigerung dazu ist „Entschuldige vielmals....!“ Genau in diesem Moment nimmst Du dem anderen den Wind aus den Segeln. Du hast dadurch für Ruhe und Frieden gesorgt und das ist wichtig, auch wenn Du vielleicht lieber etwas anderes gesagt hättest. Ruhe und Frieden muss für Dich stets das höchste Ziel sein.

Das tue ich nicht

Das höre ich oft. „Warum soll ich nachgeben, wenn ich im Recht bin!“ Klasse, und wieso soll der andere nachgeben, wenn auch er im Recht ist? Zwei, die sich im Recht befinden, ist genau einer zu viel. Dann kann man natürlich die Gerichte beauftragen. Die können sich in aller Ruhe, mit der Situation befassen. Wie oft endet solch eine Rechtsstreitigkeit in einem Vergleich? Was hast Du dann davon gehabt? Viele Monate des Streitens, des Ärgerns, Zeitverlustes und schlussendlich viel Geld und Nervenkraft. War es das wert? Bestimmt nicht, somit schenke es Dir lieber. Sei von Anfang an vernünftig und suche nach einer Lösung. Wenn Du dem anderen zeigst, dass Du Verständnis hast und an einer Lösung interessiert bist, ist es eine andere Ausgangsposition.

Der Klügere gibt nach

Das heißt jedoch nicht, dass man aufgibt. Davor fürchten sich die meisten. Suche stets nach einer einvernehmlichen Lösung. Deine Ausgangsbasis muss die sogenannte „Win-Winner-Situation“ sein. Gewinn für beide Seiten und es passt. Ist solch eine Vorgehensweise nicht wunderbar? Ich finde sie einfach klasse, und es gibt Dir zu jeder Zeit ein Gefühl von Souveränität. Genau um das geht es, über den Dingen zu stehen.

Du hast viel zu verlieren

Wenn Du Dich stur stellst, hast Du viel zu verlieren. Manchmal nicht sofort, jedoch langfristig. Denn die Dinge werden nicht vergessen, sondern gespeichert, so läuft es im privaten Bereich ab. Bei Kunden geht es in der Regel schneller. Wenn etwas nicht passt, der Kunde sich geärgert hat, ist er meistens unverzüglich weg und kommt nie wieder. Sei lieber großzügig, komme dem Kunden entgegen, denn der Langzeitschaden, den Du durch Deine Sturheit erreichst, ist immens größer.

Vom Problem in die Lösung

Genau das muss Deine Lebensmaxime sein. Probleme sind dazu da, sie schnell zu lösen. Probleme, die jedoch nicht gelöst werden, haben die Eigenschaft, größer zu werden. Diese unter Umständen zum nahezu unüberwindbaren Hindernis anwachsen. Angefangen haben sie jedoch ganz klein. Darum nutze stets die Gunst der Stunde „Wehret den Anfängen!"

Probleme sind nicht schlimm

Es ist eine aneinander Reihung von ungelösten Umständen, das ist völlig normal. Wenn man das verstanden hat, kann man souveräner damit umgehen. Wie oft höre ich den Wunsch „Ich hätte gerne ein Leben ohne Probleme!" Das wirst Du haben, wenn Du gestorben bist. Dann hast Du kein einziges Problem mehr. Aber solange Du lebst, werden Dich diese begleiten, weil Du höchstpersönlich ein Teil der Probleme bist. Man nennt dies auch hausgemachte Probleme.

Hausgemachte Probleme

Welch unschöne Ausgangsbasis. Genau aus diesem Grund, solltest Du die Probleme studieren und deren Systematik verstehen. Dadurch kannst Du es für die Zukunft verhindern. Man wäre tatsächlich ein Narr, permanent die gleiche Nummer ablaufen zu lassen. Es ist jedoch leider das, was die meisten machen. Dann kommt es exakt zu der Fragestellung „Wieso immer ich? Was habe ich getan?"

Ursache und Wirkung

Alles, aber auch wirklich alles im Leben, hat stets eine Ursache und folglich eine Wirkung. Wenn Du eine Wirkung erzielst, überprüfe, welche Ursache Du vorher gesetzt hast. Das hilft Dir, zum klaren Überblick zu gelangen. Auch wenn jetzt etliche meinen, das wäre Unsinn. Das ist es nicht, denn Aussaat und Ernte gehören zusammen. Du wirst ausschließlich das ernten können, was Du im Vorfeld gesät hast.

Erfolgreiche lieben Probleme

Das ist ein klares und untrügliches Zeichen, dass sie voll und ganz auf dem Weg sind, vieles bewegen und keinen Stillstand haben. Denn Stillstand bedeutet Rückschritt, ob man das wahrhaben möchte oder nicht. Somit freue Dich in Zukunft über die Probleme, die kommen. Eines darf natürlich dabei nicht passieren, dass Du Dir stetig die gleichen Probleme ins Haus holst.

Welche Probleme hast Du permanent

Hast Du Dir darüber jemals Gedanken gemacht? Wohl kaum, davon gehe ich aus, weil sich darüber kaum einer Gedanken macht. Die meisten wehren sich gegen Probleme. Können und wollen es nicht verstehen, dass es sie trifft. Ein völliges Unverständnis und eine daraus entstehende Blockade. Das ist insofern verrückt, weil dadurch alles noch schlimmer wird. Schreibe nachfolgend Deine Probleme auf. Auch hierbei nicht lange überlegen, sondern schreiben und dann erst zensieren, falls erforderlich.

Deine Probleme?	Wieso ist das so?	Wie oft?
1.) ______________________	______________________	____________
2.) ______________________	______________________	____________
3.) ______________________	______________________	____________
4.) ______________________	______________________	____________
5.) ______________________	______________________	____________

6.) ______________________ ________________ __________

7.) ______________________ ________________ __________

8.) ______________________ ________________ __________

9.) ______________________ ________________ __________

10.) _____________________ ________________ __________

Waren zehn Positionen ausreichend? Oder war es womöglich zu wenig? Dass es zu viele waren, glaube ich nicht. Außer Du gehörst zu denen, die sich eine Runde belügen, das machen etliche. Wenn ich dann die dämliche Aussage höre „Ach wissen sie Herr Crameri, ich weiß nicht, was sie haben. Ich habe keine Probleme." Wie kann man so durchs Leben gehen? Sie haben keine Probleme? Dann herzlichen Glückwunsch, Verdrängungskünstler. Passe auf, dass das Vakuum, welches Du Dir mit solch einer komischen Einstellung schaffst, nicht irgendwann platzt.

Ein Mensch, der vorgibt keine Probleme zu haben, lügt hundertprozentig. Vielleicht sagst Du jetzt auch, ich habe keine Probleme. Das stimmt nicht, es kann höchstens sein, dass Du die Schwierigkeiten, die sich täglich ergeben, nicht als Problem siehst. Wie fühlst Du Dich, wo Du alles aufgeschrieben hast? Als ich dies das erste Mal machte, bin ich erschrocken. In einem weiteren Durchgang habe ich mir die Situationen angeschaut, wieso es immer dazu kommt. Ich durfte feststellen, dass ich der permanente Verursacher bin, weil ich es nie abgestellt habe. Jetzt reduziere das Ganze bitte auf drei Deiner Hauptprobleme.

Deine Probleme?	**Wieso ist das so?**	**Wie oft?**
1.) ______________________	________________	__________

2.) ______________________ _________________ __________

3.) ______________________ _________________ __________

Konzentration auf das Wesentliche, darauf kommt es an, das ist der springende Punkt. Wie schon so oft, wir können nie alles auf einmal lösen, nur stets auf eine Sache fokussieren, dann lösen wir diese und gehen zur nächsten. Das müssen wir aber vollkommen bewusst umsetzen. Jetzt Dein größtes Problem.

Dein Problem?	**Wieso ist das so?**	**Wie oft?**
1.) ______________________	_________________	__________

Wie siehst Du das Ganze? Wie geht es Dir dabei? Was wirst Du mit dieser Nachricht anfangen? Wird es Dir etwas bringen? Bist Du bereit anzugreifen, oder lässt Du es lieber? Ich finde es großartig, dass Du bis hierher gekommen bist.

Dein Fazit: ____

Beschwerdemanagement im Privaten

Vielleicht denkst Du jetzt, was der Quatsch soll? Da kann ich dagegen halten, was nützt es, wenn Du beruflich gut bist und dann gehst Du ungern nach Hause, weil Du genau weißt, dass dort einiges im Argen liegt, das tut Dir nicht gut. Denn das Thema müsste klar und deutlich „Work-Life-Balance" lauten. Arbeite sehr viel, denn nur damit gelangst Du zum Erfolg. Achte jedoch auch auf einen Ausgleich. Was gibt es Schöneres, als nach einem intensiven Tag, nach Hause zu kommen und zu wissen, dass alles bestens funktioniert und im Lot ist. Das sollte aber nicht beim Wunschdenken bleiben, sondern für Dich zur Realität werden. Das schafft sich nicht von alleine, Du musst aktiv bei der Sache sein. Genau aus diesem Grunde habe ich den Privatbereich als Erstes genommen. Solltest Du alles im Griff haben, herzlichen Glückwunsch. Überspringe den privaten Bereich und gehe direkt zum geschäftlichen. Ich glaube aber, dass es besser ist, wenn Du Dich zuerst mit dem privaten Bereich befasst.

Der Mensch lebt in seiner Ganzheit

Ob er das wahrhaben möchte oder nicht. Wenn ein Mensch sich anfängt zu isolieren, hat er im Vorfeld verloren. Da liegt kein Segen darin. Schlimm? Nein, nur traurig, denn es gibt unendlich viele Menschen, die unglücklich sind. Wenn Du im Privaten nicht Deinen Ruhepool und Deine Kraftquelle findest, wirst Du auch im Geschäftlichen niemals den vollen Einsatz bringen können. Das funktioniert nicht, denn dazu bist Du zu sehr Mensch. Auch wenn manch einer behauptet, er könnte alles gut trennen und es würde ihm nichts ausmachen. In solchen Dingen sollte man sich nicht der Märchenstunde hingeben, denn hier geht es um klare Fakten. Es geht um Dein Leben, Dein Wohl- oder auch Unwohlsein.

Wir gehen die einzelnen Punkte des Privatlebens durch

Wenn Du mit dem einen oder anderen nicht einverstanden bist, ist das in Ordnung. Es sollte nicht zur Belastung werden. Nimm es zur Kenntnis, vielleicht kannst Du nur im Moment nichts damit anfangen. Erfolgreiche nehmen die für sie wichtigen Dinge. Im Schnelldurchgang schauen wir uns viele Einzelheiten des täglichen, privaten Lebens an.

Auto

Der Geschmack unterscheidet sich stark. Eine Frau hat häufig eine andere Vorstellung wie ein Mann. Weiter geht es mit Autofahren. Der Mann fährt zu schnell, und wenn die Frau fährt, fühlt sich der Mann oft unwohl und umgekehrt. Wie viel Stress daraus entsteht, das Ganze unnötigerweise. Das Auto, welches nicht geputzt wird. Die Kinder, die herumtoben und im Auto essen. Der Hund, der herum sabbert und andere nette Dinge.

Lösung: Je nachdem, wem das Auto gehört, sollte man klare Richtlinien aufsetzen, denn gemeinsam benutzte Gegenstände benötigen eine klare Absprache.

Familie

Hier gibt es unendlichen Stress. Es ist Wahnsinn, was da passiert. Wieso lässt man es soweit kommen? Da gilt in erster Linie klar, konkret, messbar und unmissverständlich zu prüfen, was gut ist und was nicht. Was möchte jeder Einzelne und wo lässt man am besten die Finger weg? Vieles ließe sich dadurch bereits im Vorfeld vermeiden. Wahrheit und Klarheit auch hier.

Lösung: Ein klärendes Gespräch und klare Absprachen, bringen Frieden in die Familie.

Fernsehprogramme

So banal, wie das klingen mag, es ist immer ein Grund des Anstoßes. Leider völlig unnötig, denn man kann noch andere Sachen unternehmen, außer Fernsehen zu schauen. Für die meisten, ist es aber zum enorm wichtigen Lebensinhalt geworden.

Lösung: Im Vorfeld eine Planung machen, was wann geschaut wird. Oder dies ist meine Sicht der Dinge, fast gänzlich darauf zu verzichten. Es gibt auch ein Leben ohne Fernseher.

Fort- und Weiterbildung

Hier entstehen eklatante Probleme, wenn der eine Partner sich permanent fort- und weiterbildet und der andere das für unnötig hält. Die Kluft wird größer und das ist schade. Ich habe diese Situation selbst erfahren. Für mich stand die Karriere und das Weiterkommen an erster Stelle. Für meine damalige Partnerin, waren es Familie, Feiern und Freunde, das Ende war abzusehen.

Lösung: Kein leichtes Unterfangen, wenn die Interessen zu unterschiedlich sind. Der eine will in seinem Leben weiterkommen und der andere nicht. Du wirst Deinen Partner nicht dazu bewegen können, seine Meinung zu ändern. Das Einzige, was bleibt, ist den Gedanken und Wunsch an mehr Wissen und Können zu begraben. Das wird schwer werden und macht sogar unglücklich. So bleibt einem nur, seinen Weg zu gehen, ohne nach rechts und links zu schauen.

Freizeit

Was sich da abspielt, ist manchmal heftig. Freizeitstress, was für ein schlimmes Wort. Das sind hausgemachte Probleme, die sich vermeiden lassen, wenn Klarheit herrschen würde.

Lösung: Da hilft wie bei anderen Sachen, nur ein klares Aussprechen, was jeder will und dann die Planung zu gestalten und sich auch daran zu halten.

Freunde

Was hast Du für Freunde? Da gibt es nette und weniger nette Bekannte. Persönlich hat man nur nette Freunde, um sich gruppiert. In der Partnerschaft hat selbstverständlich auch die bessere Hälfte ihre Freunde mitgebracht. Nun ist die Frage, wie Du mit denen klarkommst. Manche sind nett und lustig, die anderen kannst Du nicht ausstehen.

Lösung: Was ist zu tun? Wenn Du gegen die Freunde gehst, wirst Du es sicherlich auf subtile Art und Weise schaffen. Siehe hierzu auch mein Buch „Ein Millionär als Traumpartner!“ Glück und Zufriedenheit wird es Dir aber nicht bringen. Das wäre die Theorie, in der Praxis sieht es etwas anders aus. Suche die für Dich ideale Lösung. Wenn Du mit den Freunden nichts zu tun haben möchtest, teile dies klar, konkret, messbar und unmissverständlich mit. „Schatz, wie du ja weißt, mag ich deine Freunde/innen nicht. Ich weiß jedoch, dass sie dir viel bedeuten. Können wir uns darauf einigen, dass du dich gerne und zu jeder Zeit mit ihnen treffen kannst. Aber nie mehr bei uns Zuhause.“ Dies ist eine klare Ansage, dass Dein Gegenüber, wenn ihm/r wirklich etwas an Dir liegt, versteht und gerne einhalten wird.

Geld

Welch ein heikles Thema. Ob wir überhaupt darüber sprechen sollten? Denn Du weißt doch, über Geld spricht man nicht. Wer spricht nicht über Geld? Genau diejenigen, die es nicht besitzen. Wenn jemand Geld hat, hat er keine Probleme damit. Nur wenn ein Defizit herrscht, wird es zur Katastrophe. Ich spreche gerne über Geld und ernte oft folgendes Feedback

„Geld ist doch nicht alles!“

Nur ohne Geld oder mit zu wenig, ist alles nichts, das ist weitaus schlimmer. Da passiert genau das, wenn man nicht über Geld reden möchte, wird es dadurch zum großen, heiklen Thema. Es dreht sich alles nur noch um Geld, keine schöne Variante.

Lösung: Jammern bringt nichts. Sinnvoller ist es, zu überprüfen, woher der Mangel kommt und wie dieser eliminiert werden kann. Als Erfolgs-Coach geht man ganzheitlich vor. Das heißt, man verschafft sich einen Überblick. Wie viele Einnahmen sind vorhanden, genauso wie die Ausgaben. Dann wird an beiden gearbeitet. Das heißt, es müssen mehr Einnahmen, neue Einkommens-Quellen her. Parallel dazu müssen die Ausgaben reduziert werden, dies geht Hand in Hand. Wer die Ausgaben nicht verringert, kann mehr verdienen und doch zu wenig haben. Weil die Ausgaben parallel zu den Einnahmen steigen. Ziehen Sie Bilanz und dann heißt es mit spitzem Bleistift an die Arbeit gehen. Dazu schaffst Du eine höhere Wertschöpfung Deiner Leistung, die dahin gehend mündet, dass Du mehr Einnahmen hast.

Liebe

Die Liebe, ein strapaziertes Wort. Wie gehst Du damit um? Was ist wichtig für Dich? Was brauchst Du? Wieso ist das so? Hast Du Deinen Partner gefunden, den Du magst und liebst?

Lösung: Wenn es in der Liebe nicht stimmig ist, wird es eng, der Mensch verarmt. Liebe untereinander, hat mit Sexualität nichts zu tun. Es geht ausschließlich, um das gegenseitige Anerkennen und Wertschätzung, ein immens wichtiger Punkt.

Loben

Wie schaut es mit der Lobkultur in Deinem Leben aus? Funktioniert diese? Läuft das von alleine oder passiert da gar nichts? Wie viel Lob bekommst Du und wie viel gibst Du? Es ist grausam, daran zu verkümmern. Lob ist das Düngemittel, auf dem Weg zum großen Wachstum. Ohne gelobt zu werden, verkümmert die Pflanze Mensch langsam aber sicher total. Das ist doch keine gute Ausgangsbasis.

Lösung: Lob einzufordern, ist keine optimale Ausgangsbasis. Das schafft bei den anderen nur Druck. Lob zu geben, kostet jedoch nichts, bringt Lebensfreude und Energie. Tue es, setze es konsequent um. Oft höre ich darauf „Wieso soll ich immer loben. Ich werde auch nicht gelobt, welch ein Unsinn.“ Wenn das alle Menschen machen würden, wäre die heutige Welt noch viel verarmter. Das Loben kostet Dich keine Energie, im Gegenteil, es bereichert Dich um ein Vielfaches.

Mahlzeiten

Mahlzeiten sind eine schöne Angelegenheit. Leider kann ich dazu nur sagen, hat sich einiges geändert. Früher waren gemeinsame Mahlzeiten eine Selbstverständlichkeit. Diese wurden zelebriert und man sprach vom gemeinsamen Mahl. Davon sind wir heute weit entfernt. Ob das gut ist oder nicht, möge jeder für sich entscheiden. Ich weiß nur, dass es deswegen häufig unnötigen Stress gibt, das sollte unbedingt geändert werden.

Lösung: Spreche Dich mit Deinen Leuten klar, konkret, messbar und unmissverständlich ab. Bei gutem Willen ist es möglich, einen gemeinsamen Nenner zu finden. Wenn nicht für alle Mahlzeiten, dann wenigstens für einige.

Sexualität

Hier muss ich schmunzeln. Sexualität ist auch ein Tabuthema wie Geld, über das man anscheinend nicht spricht. Sexualität ist eine der größten menschlichen Energien, welche es gibt. Sie erzeugt neues Leben, das ist doch traumhaft. Wieso muss man da wegschauen und so tun, als ob es etwas ist, über das man nicht redet. Von sich aus haben Kinder diesbezüglich eine völlig offene und normale Einstellung. Das Problem taucht erst auf, wenn die Erziehungs-Spezialisten mit ihren Aufklärungsmethoden anfangen. Etwas „Wunderschönes, Natürliches und Entspannendes“ wird völlig in den Abgrund gestoßen und in einen Bereich hineingedrängt. Sogar als schmutzig dargestellt, verbunden mit unzähligen Glaubenssätzen. Eine Katastrophe für jedes Kind, derart aufwachsen zu dürfen, um nur einen Punkt zu nennen. Einige Mütter erzählen ihren Töchtern folgende Geschichte „Männer wollen immer nur das eine." Einmal gehört ist das kein Problem. Aber Mütter haben die Eigenschaft, da sie oft selbst im sexuellen Frust leben, sich zu wiederholen, solange bis das arme Töchterchen diesen Unsinn glaubt.

Lösung: Wie schaut es mit Deiner Sexualität aus? Was ist für Dich wichtig und was abstoßend? Weil das Thema zu wichtig ist, um es schnell wie die anderen Punkte abzuhandeln, wollen wir etwas in die Tiefe gehen. Schreibe auf, was Du gerne in Deinem Sexualleben hättest und was zutrifft. Wenn Dir das komisch sein sollte, tue es dennoch. Es tut Dir gut und gibt ein Gefühl von Freiheit. Endlich weg von den Sehnsüchten oder der Opfernummer.

Meine Wünsche	Ja/Nein?	Wieso?
1.) ____________	______	______
2.) ____________	______	______
3.) ____________	______	______
4.) ____________	______	______
5.) ____________	______	______
6.) ____________	______	______
7.) ____________	______	______
8.) ____________	______	______
9.) ____________	______	______
10.) ____________	______	______

Was ist das für ein Gefühl, endlich einmal darüber gesprochen zu haben? Wenn Du keine Probleme damit hast, herzlichen Glückwunsch. Wenn es komisch war, arbeite unbedingt daran. Nimm es nicht auf die leichte Schulter. Egal, was man Dir beigebracht hat oder Du erlebt hast, beschäftige Dich damit, denn es ist Dein Leben. Das ist das Wertvollste, was Du hast. Lebe es in jeder Hinsicht, lebe es hundertprozentig. Notiere nachfolgend, wieso es so ist, wie es ist. Was hat dazu geführt, dass Du ein großartiges, sexuelles Leben hast oder das Gegenteil davon? Schreibe auf, was und wieso. Dann benote das Ganze, ob es gut ist oder nicht. Wenn eine Änderung erforderlich ist, bis wann Du diese eingeleitet hast.

Was?	**Wieso?**	**1-6**	**Änderung**	**Bis wann?**
________	____________	_____	____________	_______________
________	____________	_____	____________	_______________
________	____________	_____	____________	_______________
________	____________	_____	____________	_______________
________	____________	_____	____________	_______________
________	____________	_____	____________	_______________
________	____________	_____	____________	_______________
________	____________	_____	____________	_______________

Wenn der Platz nicht ausreicht, nimm zusätzlich ein Blatt Papier und klebe dieses ein, dass es nicht verloren geht, damit Du zu jeder Zeit darauf Zugriff hast. Was denkst Du jetzt? Es ist wichtig, dass Du in Deinem Leben auf Deine Gefühlswelt achtest. Wenn diese anfängt zu kippen, kann es zur aufbäumenden Katastrophe führen. Das Thema ist klar, nicht warten, bis nichts mehr geht, sondern frühzeitig in die Abhilfe gehen. Ich hoffe, dass Du jetzt nicht mit einer Alibigeschichte kommst, von wegen „Ich bin zu alt, ob das bei mir überhaupt noch funktioniert?"

Da gibt es die tollsten Erzählungen. Nun denn, wenn Du es natürlich nicht mehr möchtest, musst Du es in der Tat lassen. Ich gehe jedoch davon aus, dass Du ein Mensch bist, der eine Änderung wünscht und bereit ist, intensiv daran zu arbeiten. Nehme die drei dringlichsten Punkte und konzentriere Dich auf das Wesentliche. Es befreit und hilft in eine andere Welt zu gelangen. Frieden und Freude sind das große Thema. Tue es und stehe endlich zu Dir. Auch wenn Du vielleicht zu denen gehörst, die sagen „Bei mir ist alles in Ordnung." Es soll nicht in Ordnung sein. Es muss exorbitant sein, dass Du viel Freude an Deinem Leben hast.

Meine Wünsche	Ja/Nein?	Wieso?
1.) ______________________	________	______________
2.) ______________________	________	______________
3.) ______________________	________	______________

Wie geht es Dir nun? Fühlst Du Dich stark und gut? Oder macht es Dich eher traurig? Das erlebe ich häufig, man spürt tief in seinem Inneren, dass es Dinge gibt, die man sich wünscht und nicht lebt. Wie oft ist es so, dass man es sich abgewöhnt hat, zu sich zu stehen, die Wünsche, Sehnsüchte und Träume tief einbetoniert wurden. Nach dem Prinzip „Weg geschlossen, geht es einigermaßen!" Das Problem dabei ist aber, dass es in Deinem Inneren weiterbrodelt. Deine Seele leidet und das ist nicht gesund. Kein zufriedenstellender Zustand, weil es knallt, wenn die Seele gequält wird. Wie viele Menschen kippen dabei völlig aus ihrer Bahn. Da musst Du persönlich auf Dich achten, dass es nie soweit kommt. Jetzt Reduktion auf einen Punkt.

Meine Wunsch **Ja/Nein?** **Wieso?**

1.) ______________________________ ________ ____________________

Wie fühlt es sich für Dich an? Bist Du glücklich und zufrieden? Wird es Dir warm ums Herz oder ist es für Dich eher eine nüchterne Angelegenheit?

Dein Fazit: ____

Sport

Da gibt es zwischen den Partnern nette Geschichten. Welche die gerne Sport machen und die anderen, die diese Aktivität nicht mögen. Wenn man definitiv zu keiner Lösung gelangt, ist dies eine schlechte Ausgangsbasis.

Lösung: Welche Möglichkeiten gibt es, auf einen gemeinsam Nenner zu kommen? Wo können sich beide treffen, ohne dabei ins Verbiegen zu gehen. Das ist wichtig, dass man endlich davon wegkommt, in seinem Leben überhaupt noch jemals etwas zu tun, was einem keinen Spaß bereitet und gegen den Strich geht.

Streicheleinheiten

Die meisten verwechseln das leider mit Sexualität. Streicheleinheiten sind auf einer anderen Ebene angesiedelt. Wir sprechen von der verbalen und körperlichen Streicheleinheit. Die Verarmung des gesprochenen Wortes ist erschreckend und die Tendenzen sind ungesund. Wann hast Du das letzte Mal diese Worte gehört?

- Du bist so wundervoll
- Du bist so schön

- Ich liebe Dich
- Du bist ein ganz toller Mensch
- Ich bin so glücklich, dass es Dich für mich gibt
- Du bist das Beste, was mir jemals passiert ist
- Du bist so ein großartiger Mensch

Wann hast Du das gehört? Sage bitte nicht, dass die Geschichte übertrieben ist. Wenn Du das denkst, ist es eine Frechheit Dir und Deiner Seele gegenüber. Dann bist Du dermaßen abgestumpft. Vielleicht findest Du das jetzt frech? Das macht nichts, weil es wirklich so ist. Ich gehe davon aus, dass Du auch sonst nicht gerade einen liebevollen Umgang mit Dir hast. Arbeite daran, denn seelisch zu verkümmern ist das Schlimmste, was einem Mensch passieren kann.

Lösung: Sprich mit Deinem Partner, sei offen und arbeite daran. Hier sagen einige, vor allem Frauen „Mein Mann ist halt so, von dem kommt nichts." Das ist schade, wenn Du das behauptest, überprüfe es. Achte unbedingt darauf, dass es für Dich ein Ende und eine Erfüllung gibt. Genauso spreche ich von der körperlichen Nähe und liebevollen Streicheleinheiten, die jedem supergut tun. Viele gehen hin und holen sich ein Tier, vor allem Katzen werden gerne genommen, um Zärtlichkeiten auszuleben. Das ist eine schöne Bereicherung, kann und sollte jedoch niemals einen Partner ersetzen.

Urlaube

Ein heißes Eisen, der eine will in die Berge und der andere möchte ans Meer, hier klafft es oft auseinander. Dies ist keine gute Ausgangsbasis, für die von den Menschen bezeichnete „Schönste Zeit des Jahres." Die Folgen sind klar zu sehen. Es knallt im Urlaub, weil die Erwartungshaltung und die daraus resultierenden Stressmomente zu hoch sind.

Lösung: Wahrheit und Klarheit, im Vorfeld. Es kann nicht sein, dass man deswegen Stress bekommt. Das Leben ist zu wertvoll, um sich auf dieses Spiel einzulassen. Sage genau, was Du willst und dann höre Dir Deinen Partner an. Oder mache es umgekehrt, beide sollten ehrlich sein. Wenn es keine einvernehmliche Lösung gibt, bleibt nur eines übrig. Jeder macht seinen Urlaub für sich. Bei der Aussage ist der Aufschrei groß. Aber was bringt es, wenn man so auseinanderdividiert. Da schaut man, dass man möglichst kleine Trips macht und dann passt es doch. Bevor Du alles ablehnst und für unmöglich erachtest, überdenke es nochmals. Es gibt immer Lösungen und Wege. Diese können jedoch nie daraus bestehen, dass es in Kompromissen endet. Dies nach Möglichkeit einseitig, das heißt, immer der Gleiche steckt zurück.

Wohnen

Auch hier scheiden sich die Geister. Schlimm wird es, wenn man völlig auseinanderdividiert. Der eine möchte auf dem Land wohnen, der andere lieber in der Stadt. Der eine möchte in einem Haus wohnen und der Nächste lieber in einer Wohnung. Von der Einrichtung her, von modern bis hin zu alten Möbeln. Was ist zu tun? Keine gute Ausgangsbasis und dennoch wichtig, denn Du wirst eine lange Zeit in Deinem Zuhause wohnen. Wehe, wenn Du Dich dort nicht wohlfühlst.

Lösung: Da sind wir wieder bei dem großen Thema, der Analyse. Klar, konkret, messbar und unmissverständlich festzuhalten, was jeder möchte und was nicht. Dann sucht man gemeinsam nach einer Lösung. Gehe dabei in die Schriftlichkeit, nehme wie bei all den anderen Punkten, zwei Blätter zur Hand. Auf das eine notierst Du alles, was Du möchtest und auf das zweite, was Du nie wieder willst. Dann hast Du oder Ihr eine super Ausgangsbasis.

Worte

Darüber haben wir schon kurz gesprochen. Ich erlebe es oft, dass viele Frauen sich beschweren, weil ihre Männer schweigsam sind und nie sagen, was sie wollen. Einige verzweifeln beinahe daran.

Worte und gemeinsames Sprechen sind von großer Bedeutung. Wo Worte verstummen, verstummt das gesamte Leben. Zwietracht und Ärger sind die Konsequenz daraus. Schade, wenn man es soweit kommen lässt.

Lösung: Nehmt Euch Zeit, für ein gemeinsames Gespräch. Jedoch nicht zwischen Tür und Angel, denn das bringt nichts. Suche das Wort und den Austausch. Wenn dies nicht möglich ist, wähle den Weg über die Schriftlichkeit. Wenn das auch nicht fruchtet, hast Du zwei Möglichkeiten. Entweder Du kannst damit leben oder Dich verabschieden. Bevor Du daran verzweifelst und wie der Volksmund treffend sagt, kaputt gehst, verabschiede Dich lieber. Mache wie Du denkst, aber sei immer ehrlich.

Zukunft

Was erwartet Dich in Deinem privaten Bereich für eine Zukunft? Ist es überhaupt eine? Oder sieht diese eher düster aus? Vor allem Frauen spüren bereits Jahre vorher, dass es nicht stimmt und für eine gemeinsame Zukunft immer weniger spricht. Das ist per se traurig, es wird jedoch noch viel trauriger, wenn man versucht, sich selbst zu belügen. Nach dem Motto „Das wird noch werden, irgendeine Hoffnung muss es doch geben."

Lösung: Meine wichtigste Botschaft ist, sei ehrlich. Ganz ehrlich zu Dir und Deinem Nächsten. Das Leben ist zu kostbar, um Dinge zu tun oder in Beziehungen zu verharren, in denen es keine oder kaum eine Zukunft gibt.

Kein Anspruch auf Vollständigkeit

Die aufgeführten Positionen erheben keinen Anspruch auf Vollständigkeit. Du kannst noch weitere Positionen ins Feld führen. Wichtig ist, einen Anfang gefunden zu haben. Hier klemmt es meistens und das ist traurig, denn Leben bedeutet Freiheit und Freude. Halte bitte weitere Punkte fest, die helfen Dir einen besseren Überblick zu behalten. Genau das ist der entscheidende Punkt.

Adler- oder Hühnerperspektive, wer sieht mehr? Ist doch logisch, wirst Du sagen. Wenn Du darüber Näheres wissen möchtest, lese mein Buch „Bist Du ein Huhn oder ein Adler!"

Klar doch, Du bist ein Adler, so wie alle Menschen auf dieser Erde. Du bist jedoch genauso wie die meisten, im Hühnerstall geboren und als Huhn gehalten worden. Das Ganze mit der Konsequenz, dass Du bis zum heutigen Tage in Dir spürst, dass noch mehr in Dir steckt. Das merkst Du haargenau, bist aber leider mit dem Leben eines Huhnes behaftet. Schaffe dem Spuk unbedingt ein Ende. Nun halte die weiteren Ergänzungen fest.

Weitere Ergänzungen	**Wieso ist das so?**	**Wie oft?**
1.) ________________	________________	__________
2.) ________________	________________	__________
3.) ________________	________________	__________
4.) ________________	________________	__________
5.) ________________	________________	__________
6.) ________________	________________	__________
7.) ________________	________________	__________
8.) ________________	________________	__________
9.) ________________	________________	__________
10.) ________________	________________	__________

Vielleicht hast Du noch zehn weitere Punkte gefunden. Nicht direkt Probleme, sondern kleine Dinge, welche stören. Nehmen wir das berühmte Beispiel der offenen Zahnpastatube. Es regt Dich auf, Du gehst dabei nicht in die Lösung und eines Tages knallt es. Was machst Du dann? Aus kleinen Störungen können gigantische Probleme entstehen. Darum musst Du sie aufschreiben, festhalten, nach Lösungen suchen und weiter geht es.

Die Erfolgsformel für das Beschwerdemanagement

Von alleine tut sich nichts. Es ist die Wunschvorstellung, passiv Großes zu bewegen und in absoluter Harmonie zu leben. Das ist ein Traum, der mit der Realität auf Erden überhaupt nichts zu tun hat. Er gehört ins Reich der Märchen. Es gilt zu handeln und darauf zu achten, dass man vorankommt.

Die Erfolgsformel lautet Z + P + T + K

Uralt und Du setzt sie bereits ein. Meistens unbewusst und das ist die Problematik. Der Unterschied von Erfolgreichen zu Nichterfolgreichen ist letztlich keiner, denn beide machen ihre Sache hundertprozentig richtig. Der Erfolgreiche macht permanent das Gleiche, er wiederholt sich in seinen Abläufen. Genauso wie der nicht Erfolgreiche auch Tag ein und Tag aus das Gleiche tut. Da beide das Gleiche tun, werden sie die gleichen Ergebnisse erzielen. Das heißt, dass der Erfolglose dank seiner Konsequenz immer erfolgloser wird und der Erfolgreiche immer erfolgreicher. Ist das nicht wunderbar? Hierauf höre ich häufig, dass es nicht leicht ist.

So einfach ist das nicht

Da kommen mir, um es ironisch auszudrücken, die Tränen. Genau dies ist das leidige Problem. Es ist einfach, einfacher geht es schon nicht mehr und der Mensch macht alles kompliziert. Schlimm? Nein, aber traurig, dass es so ist. Wenn jeder sich der Einfachheit der Abläufe bewusst wäre, gäbe es weniger Stress und auf der anderen Seite glückliche, zufriedene Menschen auf dieser Erde. Es ist jedoch leichter ein Königreich umzustoßen, als die Gewohnheiten der Menschen. Ich erlebe das oft auf den Schulungen und Erfolgs-Coachings. Die Menschen sind dermaßen „verbrettert." Manche sind völlig zubetoniert. Sie wollen es nicht wahrhaben. Sehen nur, dass sie für miserable Ergebnisse sehr hart arbeiten müssen.

Die Frage lautet, wo willst Du hin

Diese Frage haben wir bereits gestellt. Wo willst Du hin, wo willst Du wirklich hin? Wieso willst Du dahin? Und wenn Du mehr Erfolg haben möchtest, bleibt Dir nichts anderes übrig, als Deine Erfolgsmechanismen dahin gehend zu überprüfen, ob sie überhaupt auf Erfolg eingestellt sind oder nicht. Es gibt nur zwei Einstellungsmöglichkeiten „Erfolg oder Misserfolg." Auch wenn das etliche nicht wahrhaben wollen. Das ist traurig, wenn man so durchs Leben geht, es führt zur starken Destruktivität.

Die Erfolgsformel ist klar

Das ist das Wunderschöne daran, es funktioniert immer. Ob Du daran glaubst oder nicht. Du kannst den Misserfolg genauso wenig verhindern, wie den Erfolg. Es sind bestimmte Gesetzmäßigkeiten, die ablaufen. Ich erkläre es Dir nochmals kurz. Was denkst Du gerade in dem Moment? „Ja stimmt" oder „So ein Unsinn" vielleicht auch „Wenn das so einfach wäre, wären alle erfolgreich!" Was denkst Du genau? Wenn Du richtig erfolgreich bist, wirst Du das bestätigen können. Wenn Du zu der anderen Gruppe gehörst, wirst Du es in Zweifel stellen und nicht daran glauben.

Dein Glaube geschehe

Ist das nicht wundervoll? Ich bin von der Einfachheit der Geschehnisse fasziniert. Darum überdenke unbedingt Deine Denk- und Verhaltensweisen. Laufen diese mit dem Erfolgs- oder Anti-Erfolgswissen synchron? Mache Dich auf den Weg, auch wenn es manchmal mühsam erscheint, es lohnt sich auf alle Fälle.

Du benötigst Ziele

Wer nicht weiß, wo er hinzielen soll, wird nichts treffen. Die erste Aufgabe und an dieser scheitern die meisten, Du musst wissen, was Du willst. Diese Frage kann nie genug wiederholt werden. Bei meinen Seminaren höre ich dann „Können wir bitte aufhören, ich weiß es im Moment nicht, ist mir auch nicht so wichtig. Sagen sie mir erst einmal, wie alles funktioniert. Dann mache ich mir Gedanken darüber“ das finde ich klasse.

Wo waren unsere Erzieher

Das frage ich mich intensiv, wo waren die vielen Erzieher, die wir genießen durften? Wieso hat es uns keiner beigebracht? Als ich endlich nach Jahren, diese Erkenntnis hatte, um was es überhaupt geht, habe ich mich auf den Weg gemacht. Ich wollte es genau wissen, habe meine Erzieher gefragt, angefangen von den Eltern, Großeltern, Kindergärtnerinnen, Lehrern und Lehrherren, wieso sie die Erfolgsformel nicht vermittelt haben. Mich nicht auf die Wichtigkeit der Ziele hingewiesen haben. Die Antworten waren erschreckend und das in zweifacher Hinsicht.

Die Erfolgformel kannte kein einziger, obwohl sie ein alter Hut ist. Es kam noch schlimmer, so einen neumodischen Kram hätten sie nicht nötig. Sie haben mir/uns das mehr als einmal vermittelt. Nur ich/wir hätten nicht aufgepasst. Für mich war das der Hammer. Nicht einmal im Nachhinein stehen sie dazu. „Entschuldigung, ich habe das so nicht gesehen.“ Nein, sie behaupten fest und steif, dass sie es vermittelt haben. Ich bin erschüttert, dass die Leute, welche man als Vorbilder gesehen hat, es sich so einfach machen. Sie wollen keine Verantwortung übernehmen. Wie ist es Dir ergangen? Hat man Dich geschult und trainiert?

Es ist Vergangenheit und damit vergangen

Was gibt es für einen Sinn, sich weiter damit zu befassen? Das ist vergebene Liebesmühe und zerstört unsere kostbare Lebenszeit. So bleibt uns nichts anderes übrig, als zu sagen „Gut, meine Erzieher haben es versäumt, aus welchen Gründen auch immer." Wir können sie jetzt beschuldigen und uns damit zu Opfern machen. Genau das machen Erfolgreiche aber niemals. Sie übernehmen die Verantwortung, im wahrsten Sinne des Wortes und ändern es. In diesem Prozess ist es wichtig, dass Du höchstpersönlich die Nabelschnur durchtrennst. Deine Erzieher, ich meine damit Deine Familie, werden es wohl kaum tun. Folglich musst Du es vollziehen. Klar, konkret, messbar und unmissverständlich gehst Du ab sofort Deinen Weg. Wenn Du die Wahl hast, wähle den Weg des Erfolges.

Ziele haben vier Eigenschaften, die Du einhalten musst

Ziele müssen folgende Eigenschaften besitzen, sie müssen

- Klar
- Konkret
- Messbar
- Unmissverständlich

sein. Dies ist Deine Aufgabe, je klarer, desto besser funktioniert es und umso schneller geht es bei Dir voran. In der Fachwelt spricht man als Unternehmer auch von der sogenannten Zielgruppe.

Deine Lebensvision als Krönung

Was gibt es Schöneres, als die eigene Lebensvision zu finden und daraus das große Lebenswerk zu gestalten? Es ist die allerschönste Aufgabe, die ich als Mensch finden kann. Es ist in der Tat die Krönung, des menschlichen Daseins. Nur Visionen kommen nicht von alleine. Es gibt wenige, die klar, konkret, messbar und unmissverständlich spüren, was sie wollen und was nie wieder. Andere brauchen Jahre, manche sogar ein ganzes Leben lang. Je früher Du sie findest, desto besser für Dein gesamtes Leben. Denn da hast Du noch mehr Zeit vor Dir, um intensiv daran zu arbeiten.

Lebe nach Deinen Zielen und Idealen

Wenn Du das erreicht hast, wunderbar. Du möchtest nie wieder darauf verzichten. Wenn Du Deine Berufung lebst, kommst Du in den Wohlfühlbereich hinein. Es ist der Moment, in dem Du Zeit und Raum vergisst. Da ist es keine Arbeit, sondern pure Freude. Es ist Dir eine Ehre, viel bewegen zu dürfen und keine Last. Dieses Gefühl und der Moment kommt niemals von selbst. Du musst aktiv daran arbeiten, um dorthin zu gelangen. Es lohnt sich aber auf alle Fälle. Fange noch heute damit an und warte keinen Augenblick länger.

Notiere Deine Lebensvisionen

Ziele sind etwas relativ kleines. Eine Lebensvision ist hingegen etwas großes und monumentales. Wie es das Wort beinhaltet, es geht um Dein Leben. Dies ist das Allerwichtigste, was Du erhalten hast. Ein absoluter Traum, den gilt es zu leben und nicht zu warten, dass sich die Dinge von selbst tun. Du nimmst es aktiv in Deine Hände und formst daraus eine tolle Meisterleistung, weit über Deinen Tod hinaus. Genau das ist das Thema, fange heute damit an. Der erste Schritt ist, in die Schriftlichkeit zu gehen. Genau das, was Erfolgreiche tun. Schreibe Deine Vision oder noch besser Deine Visionen auf.

	Deine Visionen?	**Wieso hast Du sie?**	**Seit wann?**
1.)	________________	________________	__________
2.)	________________	________________	__________
3.)	________________	________________	__________

4.) ______________________ ________________ __________

5.) ______________________ ________________ __________

6.) ______________________ ________________ __________

7.) ______________________ ________________ __________

8.) ______________________ ________________ __________

9.) ______________________ ________________ __________

10.) ____________________ ________________ __________

Hast Du zehn Punkte gefunden? Vielleicht war es zu viel, das macht nichts, versuche es nochmals. Am Anfang kannst Du nicht genug davon haben. Es geht im ersten Prozess um deren Sammlung. „Brainstorming" ist das Wort. Auch hier gilt das Prinzip des Maximalismus. Das heißt, weitaus mehr zu tun, als normalerweise tatsächlich erforderlich wäre. Die Amerikaner sagen treffend „Go the extra mile" das heißt, laufe eine Extrameile. Das Gegenteil davon sind die Minimalisten. Die lieber eine Runde stöhnen, keine Lust haben und die Dinge bereits schon im Vorfeld durch ihre Lustlosigkeit boykottieren.

Deswegen kann man nie etwas bewegen und kommt nicht zum gewünschten Erfolg. Überprüfe, wie oft Du über Deine Arbeit schimpfst. Eines wirst Du feststellen, richtig Erfolgreiche stöhnen und klagen niemals. Sie sind dankbar und glücklich über die Möglichkeiten, die sich jeden Tag neu auftun. Sie packen die Chancen beim Schopfe und setzen sich mit Begeisterung ein. Die Erfolglosen, denen ist alles zu viel. Für sie ist das gesamte Leben eine schreckliche Mühsal, der man am liebsten durch manche Süchte zu entfliehen versucht. Solltest Du solche Eigenschaften Dein Eigen nennen, entledige sie auf schnellstem Wege. Wenn Du Deine zehn Punkte anschaust, wie fühlt es sich für Dich an? Schlägt Dein Herz höher? Spürst Du den Puls der Zeit, die Aufregung und Herausforderung? Oder bist Du immun dagegen? Jetzt erarbeite daraus, die für Dich drei wichtigsten Lebensvisionen. Oftmals tatsächlich kein leichtes Unterfangen, eine Entscheidung zu treffen. Aber wenn Du keine triffst, hast Du bereits auch eine gefällt.

Deine Visionen?	**Wieso hast Du sie?**	**Seit wann?**
1.) ____________________	____________________	__________
2.) ____________________	____________________	__________
3.) ____________________	____________________	__________

Wo fühlst Du Dich gut und bestärkt? Oder beschleicht Dich ein Gefühl von Angst, wie Du alles bewältigen sollst? Als ich mich das erste Mal damit befasst habe, war ich euphorisch und fand das toll. Nach einiger Zeit beschlich mich langsam aber sicher die Angst, wie ich das packen soll. Das erweckte in mir schlimmste Befürchtungen und Zweifel stiegen auf.

Es erfüllte mich eine unendliche Traurigkeit, weil ich nicht früher damit angefangen habe. So stand ich in meinem Dilemma da und fühlte mich nicht sonderlich gut. Nach einiger Zeit entschied ich mich, endlich Ordnung zu schaffen und nur auf eine einzige Sache zu konzentrieren. Was ist für mich oder in diesem Falle für Dich das Allerwichtigste?

Deine Visionen?	**Wieso hast Du sie?**	**Seit wann?**
1.) ____________________	____________________	__________

Herzlichen Glückwunsch, Du hast es geschafft. Wie fühlst es sich für Dich an? Wenn es Dir im Moment Angst machen sollte, lasse es einfach so stehen, das ist weiters nicht tragisch. Gehe jeden Tag damit schwanger und Du wirst immer stärker und stärker hineinwachsen. Wenn Du Dich täglich damit beschäftigst und sofort mit der Planung loslegst, wird es für Dich bald zur reinen Selbstverständlichkeit werden.

Dein Fazit: ____

Nach den Zielen folgt die Planung

Wenn Du Deine Ziele klar, konkret, messbar und unmissverständlich festgehalten hast, denn dies meine ich, mit in die Schriftlichkeit gehen, folgt die Planung. Alleine und überhaupt Ziele zu finden, die alle wichtigen Parameter beinhalten, ist recht kompliziert. Diese in einer Planung festzuhalten, ist noch schwieriger. Hier scheitern die meisten. Dadurch geht viel Wertvolles verloren, weil die Menschen nicht anfangen und bereit sind intensiv, die notwendigen Maßnahmen einzuleiten.

Planungsversessenheit

Das Schlimmste, was Du machen kannst, ist in die Planungsversessenheit zu geraten. Leider neigen viele Menschen dazu. Man kann es mit Perfektionismus gleichsetzen, beides ist von übel. Blockiert und hindert wesentlich mehr, als es gut tut. Lege es ab, je schneller, desto besser und um so freier fühlst Du Dich. „Das ist alles nicht leicht!" Die Frage ist, was möchtest Du in Deinem Leben? Was willst Du wirklich und kannst Du es Dir leisten, derart vorzugehen? Wenn Du denkst, ein ewiges Leben zu haben, ist es wunderbar. Wenn Du da aber nicht sicher bist, musst Du es zügig ändern. Komme zu einer schnellen Entscheidung und lasse Dich durch nichts beirren.

In der Einfachheit liegt die Kunst

Je einfacher, desto besser. Es funktioniert und das ist in der Tat wundervoll. Wir können viel von der Natur lernen, sie macht es uns permanent vor. Die Natur für sich funktioniert auf wunderbare Art und Weise. Kompliziert wird es, wenn der Mensch sich einmischt. Dann fängt in der Regel das Chaos an. Wenn ich kleine Kinder oder auch Babys beobachte, sind die Abläufe wundervoll klar und einfach strukturiert. Sie sind offen für alles, neugierig und furchtlos. Wenn man dies später beobachtet, gewinnt es eine andere Dimension und man entfernt sich weit davon. Dadurch wird es vollends kompliziert und verstrickt. Das ist traurig, dass die kleinen Geschöpfe, die keinen Stress haben und völlig unkompliziert sind, durch die klugen Erwachsenen dermaßen umgepolt werden. Das führt soweit, dass aus ehemals aufgestellten und lebensfrohen Menschen, ängstliche und mit Minderwertigkeitskomlexen, behaftete Lebewesen werden. Hole Dir Deine kindliche Unbekümmertheit zurück. Die Leichtigkeit des Seins, ein dringliches Thema. Du lebst dadurch besser und hast mehr Lebensfreude.

Brainstorming als erster Schritt

Sammle alle wichtigen Informationen, das ist Deine erste Aufgabe, ohne zu selektieren. Dann suchst Du Dir jeweils die für Dich dringlichsten Punkte heraus, genauso wie wir das mit den zehn Punkten machen. Erst nimmst Du Dir drei Punkte und dann noch einen. So verschaffst Du Dir zusehends einen besseren und klareren Überblick. Suche für Dich das Beste heraus, es erleichtert Dein Leben ungemein. Weg vom Ballast hin zur Einfachheit, genau das ist der Weg, um zügig voranzukommen. Alles andere bleibt eine unnötige Warterei auf den Moment, in dem vielleicht das Große kommen wird.

Ein Anfang und ein Ende

Entscheidend ist, dass es einen Anfang und ein Ende gibt. Das, was leider die meisten außer acht lassen. Sie träumen davon, irgendwann anzufangen. Sollte es tatsächlich soweit kommen, fehlt ein Ende. Wenn man derart ins Rennen geht, wird man Schwierigkeiten ernten, respektive nichts. Aus diesem Grunde überlege Dir bitte stets, was für Dich dringlich ist und wann Du damit anfangen möchtest. Damit es keine sogenannte „Never Ending Story" wird, musst Du dem Ganzen einen zeitlichen Rahmen geben, sonst dauern die Dinge zu lange. Wir haben kein ewiges Leben. Es ist zeitlich limitiert und aus diesem Grunde gilt es sofort anzufangen, Gas zu geben und erst dann aufzuhören, wenn man wirklich angekommen ist. Welch ein wundervolles Gefühl, es geschafft zu haben.

Ich weiß nicht, wie lange es dauert

Das ist verrückt, derart ins Rennen zu gehen. Wenn Du es nicht weißt, wer weiß es dann? „Schauen wir mal" ist die Redewendung. Wer anfängt zu schauen, hat im Vorfeld verloren. Wir sind auf Erden, um zu gewinnen und bestimmt nicht, um zu verlieren. Wenn Du Dich erstmals ans Verlieren gewöhnst, wird es für Dich zu einer absoluten Selbstverständlichkeit. Dies ist exakt der Punkt, wieso etliche, die sich damit abgefunden haben, nie wieder bereit sind, neue Wege zu beschreiten. Für sie ist die Sache gelaufen. Sie warten buchstäblich, bis es soweit ist. Wie oft höre ich dann, vor allem von älteren Menschen „Ach, die paar Jährchen schaffe ich noch." Das ist fatal, so durchs Leben zu gehen.

Fange jetzt an

Genau in diesem Moment, fange mit der Planung an. „Mir fehlt noch das, dies und jenes." Wie oft habe ich dies gehört, das ist traurig, weil noch einiges fehlt, um anzufangen. Weißt Du, Dir wird permanent etwas fehlen. Dies ist das Fatale, an solch einer Einstellung, Du wirst es nicht packen. Wenn Du wartest, bis Du vermeintlich alles hast, kannst Du ewig warten. Folglich schenke Dir bitte diese Einstellung, lasse Dich niemals darauf ein. Dir fehlt nichts, weniger als nichts. Höchstens, dass Du keinen Mut hast. Du weißt, wo man landet, wenn man arm an Mut ist? In der „Armut" das ist alles. Schlimm? Wenn ich nun böse sein möchte, sage ich darauf „Nein, es ist doch Dein Leben." So will ich aber nicht sein, ich bin nett und zuvorkommend.

Die 0 Stunden-Regel

Eine heiße Kiste, wie es so schön heißt. Fange an und lege sofort los. Warten ist von übel, denn von selbst tut sich nichts, das ist leider ein Märchen. Stell Dir vor, keiner müsste etwas tun. Die gebratenen Tauben würden einem in den Mund fliegen. Das wäre doch klasse? Ich finde, das wäre langweilig. Ich bin froh, dass jeder Mensch alle Möglichkeiten die es gibt, in seinen Händen hält. Die Frage ist, was der Einzelne daraus macht, das ist alles.

Jammern hilft nichts

Kennst Du auch Menschen, die jammern? Ich finde es schlimm und unverschämt, den anderen gegenüber. Sich derart auszuleben, ist frech. Anstatt zu jammern, heißt die Devise „Sich bewegen und in Aktion treten." Man sollte Gas geben, mit großem Elan seine Ziele verfolgen und sich nicht beirren lassen, anstatt gleich bei dem ersten Gegenwind die Flinte ins Korn zu werfen. Du weißt nicht, wie viel Wertvolles Dir dadurch entgeht.

Angst und Zweifel

Fange an und zwar innerhalb von 0 Stunden. Das ist der wichtigste Moment, den die meisten verpassen, da wird lieber gewartet. Man fragt seine Freunde, Arbeitskollegen, Nachbarn, Eltern und was weiß ich, wen alles. Da die meisten Menschen jedoch mit einer negativen Lebenseinstellung unterwegs sind, wie wird da wohl die Antwort lauten? Das kann man sich an einer Hand abzählen, wie die Ergebnisse sein werden. Bestimmt nicht aufbauend und lebensbejahend. Jetzt lässt Du Dich von solchen Menschen beraten. Das Ergebnis liegt auf der Hand. Hinzu kommt Deine Unsicherheit, Du stehst nicht gerade auf sicheren Füßen. Weißt Du, was das Ende des Spieles ist? Die Zweifel werden stärker, danach steigt die Angst auf und das war es dann. Traurig, das mit ansehen zu müssen, wie fähige Menschen die Segel streichen. Achte darauf, dass Du nicht in dieses Dilemma hineinkommst.

Die Chance verstreicht

Wie heißt es passend „Chancen gehen nie vorüber, sie werden nur von anderen genutzt." Denke einmal zurück, wie oft hast Du wunderbare Chancen gehabt und vor lauter Warten wurde nichts daraus. Wir sind natürlich großartige Verdrängungskünstler, super gut darin, Alibigeschichten zu erfinden, wieso genau das und dies nichts für uns war. Wieso es gut ist, dass nichts daraus wurde. Das mag für den Moment nett sein, aber wir belügen uns dadurch nur selbst. Genau damit musst Du aufhören. Wenn Du etwas möchtest und es Dein Traum ist, setze alles daran, dass es zu Deiner Wirklichkeit wird. Damit Du ein Gefühl dafür bekommst, schreibe jetzt bitte alle Deine verpassten Chancen auf.

Meine Chancen?	Wieso verpasst?	Was wäre wenn?
1.) ______	______	______
2.) ______	______	______
3.) ______	______	______
4.) ______	______	______
5.) ______	______	______
6.) ______	______	______
7.) ______	______	______
8.) ______	______	______

9.) ________________ ________________ ________________

10.) ________________ ________________ ________________

Hast Du Deine verpassten Chancen gefunden? Wenn nicht, überarbeite es nochmals. Vielleicht denkst Du gerade, dass es Unsinn ist. Man muss nach vorne schauen und nicht zurück, da hast Du völlig recht. Um sich jedoch mancher Tragweite bewusst zu werden, ist es wichtig zurückzublicken, um daraus zu lernen, was es bedeutet, wenn man solche Dinge macht. Für mich waren diese Momente heilsam. Jetzt reduziere das Ganze auf drei Einheiten, die Du durch zu langes Warten verpasst hast.

Meine Chancen?	**Wieso verpasst?**	**Was wäre wenn?**
1.) ________________	________________	________________
2.) ________________	________________	________________
3.) ________________	________________	________________

Tut es heftiger weh? Oder ist es Unsinn? Du kannst es bezeichnen und halten, wie Du möchtest. Das ist weiters nicht tragisch, denn es ist Dein Leben, welches weiterhin verbraten wird. Weißt Du eigentlich, wie viele unerkannte Genies auf den Friedhöfen liegen? Weißt Du, wieso unerkannt? Weil sie es zeit ihres Lebens vergessen haben, anzufangen. Achte unbedingt darauf, dass Du hier nie mehr hineingerätst. Jetzt erarbeite Deine schlimmste Variante.

Meine Chance?	**Wieso verpasst?**	**Was wäre wenn?**
1.) ________________	________________	________________

Wie ist Dein Gefühl? Ich habe in meinem Leben einige Dinge, von denen ich sagen muss, wieso hast Du so gepennt? Weißt Du, was das Schlimme daran ist? Du kannst fast nichts mehr rückgängig machen. Manche Fehler sind reversibel und manche irreversibel, das heißt, für immer abgeschossen. Grausam und brutal, wenn man durch die Schlafkrankheit „Verschieberitis" nicht in die Gänge gekommen ist. Darum entferne für alle Zeiten jegliche Form der „Verschieberitis." Dein Weg ist vorne und das mit Vollgas. Wenn Dich das Thema interessiert, lese mein Buch „Hast Du auch diese schlimme Krankheit Verschieberitis." Weißt Du, was dies für ein wunderbares Gefühl darstellt. Ein Traum, zu wissen, dass Du Dich ab sofort hundertprozentig auf Dich verlassen kannst.

Dein Fazit: ______________________________

Keine Zeit verlieren

Das muss zu Deiner großen Lebensmaxime werden. Sei Dir immer und jeder Zeit bewusst, wie vergänglich das Leben ist. Es soll Dir keine Angst einjagen, Dich jedoch sensibilisieren, um die Wichtigkeit der schnellen Entscheidungen zu erkennen. Dein Leben ist ein wunderbarer Traum, packe es an und verschiebe nie wieder etwas. Starte innerhalb von 0 Stunden. Du musst wahrlich keine Doktorarbeit machen, Du fängst an und denke daran

„Wer anfängt, kann gewinnen. Wer nie anfängt, hat verloren!"

Vergiss alles, was Dir eventuell fehlen könnte. Das ist nicht die Frage, ist uninteressant. Was zählt ist, ob Du etwas willst und was Du genau willst.

Du bist ein Gewinner

Ist das nicht traumhaft? Du hast die freie Wahl, zu jeder Zeit bist Du Herr über Dein Leben und das gesamte Geschehen. Die Frage ist, was glaubst Du und was nicht? Hier höre ich oft „Kommt darauf an!" Das finde ich super gut, wenn es darauf ankommt. So lässt man sich alles offen. Wenn Du weißt, was Du willst, sei es beruflich oder privat, gibt es nur noch eines, ab nach vorne und sukzessive sein Tempo zu erhöhen. Handbremse lösen und Vollgas geben.

Du bist ein Verlierer

Ist das nicht toll, Du bist ein Verlierer und weißt Du was, das ist in Ordnung. Vielleicht denkst Du jetzt, dass ich verrückt bin, auf keinen Fall. Ich will Dir nur aufzeigen, dass beide Varianten in Ordnung sind und Du zu jeder Zeit, die freie Auswahl hast. Es liegt in Deiner Hand, was daraus wird. Wenn Du ein Verlierer bleiben willst, mache weiter so und Du bist auf dem richtigen Weg. Dann fange niemals an und lebe in der Hoffnung. Wenn Dich das Thema interessiert, lese mein Buch „Fange endlich an zu leben!" Hier bekommst Du wertvolle Informationen zu dem Thema.

Du bist, was Du denkst

Eine wunderbare Aussage „Du bist das, was Du denkst." Und was denkst Du den lieben langen Tag? „Kommt darauf an" ich weiß. Das ist nicht gut, entweder Du bist positiv oder negativ. Dazwischen wäre halbschwanger und das gibt es nicht. Was ist der erste Gedanke, wenn Du morgens aufwachst? Was ist der letzte Gedanke, wenn Du abends ins Bett gehst? Ich hoffe, es ist Deine große Lebensvision, dass Du derart davon beseelt bist und es Dir damit gut geht. So wirst Du glücklich und zufrieden sein. Wenn Du Deinen Weg gefunden hast, bist Du unendlich glücklich, wie es leider nur wenige Menschen schaffen. Arbeite stark daran, dass Du da hinkommst, es lohnt sich auf jeden Fall.

Nach dem Plan folgt das Tun

Ich gehe davon aus, dass es für Dich eine feststehende Größe ist, Du in Zukunft und das heißt, innerhalb von 0 Stunden loslegst. Nie mehr wartest, dass sich irgendetwas tun wird. Eines sei Dir gewiss, es wird sich nichts tun. Schlimm, nein nur gut zu wissen und danach zu handeln. Folglich halte Dich daran, falls Du jetzt auf die Idee kommen könntest, dass es für mich ist, streiche diesen Gedanken schnell, es geht ausschließlich um Dich. Um Dein Leben und Deine Zukunft, mache daraus eine Meisterleistung. Es ist ein unendlich großer Traum, sein eigenes Leben zu verwirklichen.

Machen

Was für ein wunderschönes Gefühl. Ich finde es spannend und großartig. Ich habe es in meinen Händen, kann in Aktion treten, wann immer ich will. Bin auf dem Weg zum Erfolg und bleibe dabei. Gewöhne Dir an, mehr zu tun, als man von Dir erwartet. Die Amerikaner sagen passend

„Go the extra mile!"

Genau das zeichnet erfolgreiche Menschen aus. Sie laufen immer einen Schritt weiter, als erwartet wird. Getreu dem Motto

„Der Erfolgreiche beginnen da, wo der Erfolglose aufhört!"

Speichere Dir diesen Satz fest in Dein Gedächtnis. Er soll für Dich zum tragenden Moment werden. Bedeutet pure Inspiration und Power, als Zeichen, dass Du nicht anders kannst. Es lohnt sich und Du wirst Dich dadurch nach vorne bewegen. Das hat viel mit dem Beschwerdemanagement zu tun. Wenn die meisten Unternehmer längstens ihre Flügel strecken, oder versuchen völlig taub zu sein, legst Du erst recht los. Das ist nichts, was man dem Zufall überlassen darf.

Weißt Du überhaupt, wie man Erfolg buchstabiert

Hast Du Dir darüber jemals Gedanken gemacht? Wohl kaum, denn die wenigsten tun es, das ist fatal. Es wird lieber über den Misserfolg, das Pech und die Ungerechtigkeiten gesprochen, die es auf dieser Welt gibt. Wie man jedoch Erfolg richtig buchstabiert und dadurch zum Erfolg gelangen kann, darüber wird geschwiegen. Denn es ist die für den ersten Moment, die unangenehmere Variante. Ich buchstabiere Dir das Wort Erfolg.

TUN

Vielleicht bist Du erstaunt und meinst sogar ich hätte das Wort falsch geschrieben. Nein, es ist korrekt und ist die einzig richtige Formel, denn ohne TUN wird es nichts. Da nützt alles Hoffen und Bangen nichts.

Was bedeutet Tun genau

Tun ist ein simples Wort mit drei Buchstaben, ein Hauch von nichts und dennoch entscheidend. Genau um das geht es in letzter Konsequenz. Tun ist alles, damit steht und fällt der Erfolg oder Misserfolg. Die meisten Leute nehmen es zu kompliziert, dabei ist es einfach. Das haben wir jedoch schon einmal gehabt, weil es einfach ist, wird es für die meisten Menschen unerreichbar. Viele suchen es in der Ferne, sehen es oft als ein Mysterium an. Auf der einen Seite die Armen, die nichts oder nicht viel haben und auf der anderen die Reichen. Eines zeichnet alle Reichen aus, sie beherrschen das Wort „Tun" perfekt. Wenn vielleicht nicht unbedingt die Erben, dann deren Vorfahren. Irgendeiner hat angefangen, Vollgas gegeben. Lass uns das Wort „TUN" spezifizieren.

T ag
U nd
N acht

Was heißt das genau? Über die Abläufe gilt es Bescheid zu wissen, und diese zu beherzigen. Wenn Du sie kennst, geht es los.

Am Tag

Wann sollst Du arbeiten? Während den üblichen Arbeitszeiten? Falsch, genau das ist zu wenig, wenn Du etwas erreichen möchtest. Wenn es für Dich nicht wichtig ist, ob Du die Karriereleiter nach oben gehst, spielt es keine Rolle. Wenn Du jedoch ein paar Ansprüche ans Leben hast, heißt es Vollgas geben und nicht schlafen. Denn wer schläft, hat verloren. Ich weiß, dass ich mit solchen Aussagen nicht gerade auf Gegenliebe stoße. Ich werde es aber verkraften. Es bringt nichts, wenn wir ein wenig ein Gerede veranstalten, von wegen „Es wäre schön, wenn Du!" Du machst morgens die Augen auf und Dein erster Gedanke ist Deine Lebensvision. Bitte nicht denken „Die blöde Arbeit" oder ähnliches. Wenn das Deine Meinung von Deiner Arbeit ist, quälst Du Dich unnötig. Dann hast Du Deine Berufung noch nicht gefunden. Das wäre in diesem Falle Deine größte und wichtigste Aufgabe, Deine Berufung herauszufiltern und diese auch zu verwirklichen.

Du musst darauf achten, dass Du das tust, wo Du automatisch in Deinen Wohlfühlbereich gelangst. Die Leichtigkeit des Seins, dies kann nicht oft genug betont werden. Sie ist unser tragender Moment, damit uns die Dinge leicht von der Hand gehen. Also, mache Dich auf die Suche, entweder Du schaffst es oder Du holst Dir Hilfe, von einem Erfolgs-Coach. Dieser hilft Dir sicher, um die Klippen zu schiffen. Er fordert und fördert Dich. Mache Dich auf den Weg und gebe Vollgas. Du arbeitest überdurchschnittlich, ohne dabei Deine „Work-Life-Balance" zu vernachlässigen. Du arbeitest hoch konzentriert an Deinen Projekten. So schaffst Du an einem Tag mehr, als diejenigen, die nur ihre paar Stündchen absitzen. Falls Du meinst, dass Du genug arbeitest, herzlichen Glückwunsch. Oder vielleicht doch nicht? Lass uns Deine Erfolgsbilanz anschauen. Nachfolgend halte all Deine Erfolge fest.

Deine Erfolge?	Wieso hast Du diese?	Seit wann?
1.) ____________	____________	____________
2.) ____________	____________	____________
3.) ____________	____________	____________
4.) ____________	____________	____________
5.) ____________	____________	____________
6.) ____________	____________	____________
7.) ____________	____________	____________
8.) ____________	____________	____________
9.) ____________	____________	____________
10.) ____________	____________	____________

Waren Deine Erfolge eher Zufallstreffer oder harte Arbeit, die Du Dir intensiv durch Dein Handeln erwirkt hast? Je genauer Du dies analysierst, desto klarer wird Dir der Weg, den es dazu benötigt. Da der „Normalbürger“ leider keine Erfolgsbilanz führt, hat er auch keine Übersicht über diese Dinge. Dabei ist das von enormer Wichtigkeit. Du musst wissen, wieso etwas so ist, wie es ist, das ist das Entscheidende. Kristallisiere die drei größten Erfolge heraus.

Deine Erfolge?	Wieso hast Du diese?	Seit wann?
1.) ____________	____________	____________

2.) ____________________ ____________________ ________________

3.) ____________________ ____________________ ________________

Waren es einmalige Erfolge oder anhaltende? Es ist ein Unterschied, ob Du eine einmalige Sache geschaffen hast oder in Serie, womöglich ein lebenslanges Werk. Das ist der absolute Traum, wenn Du dies schaffst. Wie fühlen sich Deine Erfolge an? Sind es die richtig großen Erfolge, die Du Dir vorgestellt hast? Oder ist es eher ein Hauch von nichts? Ist es gemein von mir, bestimmt nicht. Ich kenne Menschen, die sind glücklich und zufrieden, wenn sie ein Kreuzworträtsel gelöst haben oder über ein gutes Essen. Es geht nicht um die große Geschichte, es geht um Dich und Deine Zufriedenheit, dies ist das Allerwichtigste. Was war Dein größter Erfolg?

Dein größter Erfolg? **Wieso hast Du diesen?** **Seit wann?**

1.) ____________________ ________________________ __________

Kannst Du darauf sehr stolz sein? Bist Du deswegen im Flow? Bist Du glücklich und stark darin? Erfüllt und beseelt es Dich?

Dein Fazit: ____

Nach dem Tag folgt N für die Nacht

Was meinst Du? Das ist doch cool? Ich finde es stark, wenn Du den ganzen Tag gearbeitet hast, geht es nachts weiter. Ist das nicht super? Tag und Nacht mit Vollgas unterwegs zu sein. Was glaubst Du, wie viel Du dabei in Bewegung bringst? Das ist doch gigantisch, findest Du nicht auch? Spaß beiseite, natürlich sollst Du nachts schlafen. Was mit der Nacht gemeint ist, sind die Gedanken, die Du mit in die Nacht hinein nimmst. Welcher Natur sind diese? Positiv oder eher negativ. Ich kenne viele Menschen, die abends mit ihren Problemen ins Bett gehen. Wie ist es, wenn man mit Problemen schlafen geht? Du träumst nachts davon, es beschäftigt Dich und am nächsten Morgen wachst Du völlig gerädert auf.

Ein schönes Gefühl, findest Du nicht auch? Ein erhabenes Gefühl, welches Dir für den kommenden Tag Kraft nimmt. So schaukelt es sich sukzessive nach oben. Dein letzter Gedanke abends, wenn Du ins Bett gehst, sind ab sofort niemals Deine Probleme, sondern Deine Lebensvision, die errungenen Taten unter Tage. Diese tragen Dich wunderbar durch die Nacht. Sie geben Dir Kraft und Power. Du gelangst dadurch in die sogenannte Erfolgsspirale hinein. Diese katapultiert Dich nach oben. Notiere nachfolgend, mit welchen Gedanken Du in Zukunft ins Bett gehst.

____

____

____

____

Wie fühlt sich das für Dich an? Wenn vielleicht auch im Moment ein wenig komisch und absurd. Gehe ihnen dennoch nach, es lohnt sich auf alle Fälle. Je öfter Du dies tust, desto mehr wirst Du begeistert sein.

Nach dem Tun folgt die Kontrolle

Du bist ein riesiges Stück weitergekommen, hast Dir Gedanken um Deine wichtigen Ziele in Deinem Leben gemacht. Herzlichen Glückwunsch, da bist Du besser als die meisten Menschen, die nie so weit kommen. Deine Ziele sind klar, konkret, messbar und unmissverständlich. Toll, das ist die richtige Ausgangsbasis, um zum Erfolg zu gelangen. Dann hast Du Dir die passenden Pläne erarbeitet, viele schaffen das nie. Sie geben viel früher auf. Bei der ersten Schwierigkeit wird die Flinte sofort ins Korn geworfen und man ist dann erstaunt, wenn es überhaupt nicht weitergeht. Du hast einen riesigen Sprung nach vorne gemacht, hast angefangen und Gas gegeben. Lehne Dich kurz zurück, schließe die Augen und sage laut „Ich bin großartig, ich bin ein Gewinner!" Spüre in Dir dieses wahnsinnige Glücksgefühl. Jetzt heißt es, in die nächste Stufe zu gehen, denn Stillstand bedeutet Rückschritt und das wollen wir auf keinen Fall. Jetzt kommt die Kontrolle, welche die meisten vernachlässigen.

Wieso Kontrolle

Ohne Kontrolle besteht keine Chance, dass die Erfolge erreicht werden. Es ist ein dringlicher Akt, man muss Kontrollen genauso akribisch durchführen, wie alles andere. Oftmals kein leichtes Unterfangen, weil es etliche nicht witzig finden. Die Kontrolleure in größeren Firmen sind mit die unbeliebtesten, weil sie den Finger auf die Wunden legen. Keine angenehme Situation und dennoch sind sie unverzichtbar. In diesem Falle ist es Deine Aufgabe, Visionär zu sein, zu planen, umzusetzen und zu kontrollieren. Eine vierfache Funktion, in der ich feststellen durfte, dass viele der Aufgabe nicht gerecht werden und völlig versagen. Nur wenn Du nicht weißt, wo Du bist, hast Du bereits im Vorfeld verloren. Das ist nicht besonders witzig und aufbauend.

Wann muss kontrolliert werden

Darauf höre ich meist „Das mache ich schon!“ Die Frage ist aber wann? Mit ein bisschen erreichst Du nichts. Deine große Aufgabe ist, mit Konsequenz an die Sache zu gehen und dabei weder nach rechts noch nach links zu schauen. Für Dich gibt es nur ein Ziel, das ist vorne, hoch konzentriert erfüllst Du alle Aufgaben.

Wer muss kontrollieren

In diesem Falle bist Du es höchstpersönlich, ob es Dir Spaß bereitet oder nicht. Es ist Deine Aufgabe und die gehört wie alle anderen Termine, klar und konkret in Dein Terminbuch eingetragen. Das ist keine Frage von Lust oder Unlust, es ist eine Pflicht, die sich auszahlt.

Wie oft

Tägliche Kontrolle führt langfristig zum Erfolg. Ist das nicht wunderbar? Wer weiß, wo er sich gerade befindet, hat die Chance, täglich Korrekturänderungen vorzunehmen und diese entsprechend zum Erfolg zu bringen. Alles andere ist reine Zeitverschwendung und gefährlich. Wenn Dinge zu lange, ohne Kontrolle laufen, ist die Gefahr, dass sie aus dem Ruder laufen sehr groß. Genau dies gilt es, unter allen Umständen zu vermeiden.

Belohnungssystem einbauen

Wir Menschen funktionieren relativ einfach. Wir wollen alle Spaß und Freude haben, möglichst keinen Schmerz. Aus diesem Grund gibt es Probleme. Da wir davon beseelt sind, werden viele Dinge ausgeblendet, die zu tun wären. Aber was zu tun ist, ist auch zu tun. Folglich wird es auf uns zurückkommen, meistens jedoch unangenehmer. Das ist dann eine Situation, die wir am liebsten ungeschehen machen würden. Um da Abhilfe zu schaffen, gönne Dir, wenn Du es getan hast, eine kleine Belohnung. Das wird Dir sehr gut tun und Dich zugleich motivieren.

Beschwerdemanagement im Geschäftlichen

Jetzt kommen wir zum Beschwerdemanagement im geschäftlichen Bereich. Vielleicht fragst Du Dich, was die lange Abhandlung für den privaten Bereich sollte. Es ist wichtig, dass Du privat gut unterwegs bist. Das verpassen etliche, und wenn es da nicht stimmt, wirkt sich das zwangsläufig auf das Geschäft aus. Genau dies darf es keinesfalls, ist unter allen Umständen zu vermeiden, denn im Geschäftlichen spielt die Musik. Hier macht man Erfolge und da entscheidet es sich, ob ich im Leben vorankomme oder nicht. Ob ich mich zu den Erfolgreichen zählen darf oder das eher eine Utopie ist. Träumen ist schön und verursacht ein tolles Gefühl. Das Ganze zum Erfolg umzusetzen, ist die reine, wahre Krönung und ein großer Traum.

Was hast Du schon alles erlebt

In welchem Bereich bewegst Du Dich? Was hast Du erlebt? Wie viele Beschwerden gibt es in der Firma bei Dir? Wie fallen diese aus? Wie oft wiederholt sich das Ganze? Wo endet es? Sind die Kunden danach zufrieden oder werden sie nie wieder gesehen? Fragen über Fragen, die wichtig sind, um herauszufinden, wie es abläuft. Beantworte bitte, welche Beschwerden es sind.

	Welche Beschwerden?	**Lösung**	**Wie oft?**
1.)	____________________	______________________	___________
2.)	____________________	______________________	___________
3.)	____________________	______________________	___________

4.) ____________ ____________ ____________

5____________ ____________ ____________

6.) ____________ ____________ ____________

7.) ____________ ____________ ____________

8.) ____________ ____________ ____________

9.) ____________ ____________ ____________

10.) ____________ ____________ ____________

Wie fühlt es sich an? Geht es Dir gut? Wie viele sind wiederkehrend? Ich erlebe das oft in den Firmen, es sind permanent die selben Schwachstellen. Und es wird meist so weitergemacht, anstatt aus jeder Beschwerde zu lernen und der Sache nachzugehen. Man muss nach Lösungen suchen und nicht die Schuld beim blöden Kunden. Dabei gibt es nur einen Blöden und das bist Du. Wenn Du Mitarbeiter bist, ist es natürlich Dein Chef. Du schadest Dir mit diesem Auftreten nur selbst. Das Leben ist Fortschritt, aber in diesem Fall ist es eindeutig Rückschritt. Das macht sich nicht besonders gut. Hier höre ich oft, dass es bei anderen genauso ist. Die Kunden sind komisch geworden, welch ein Schwachsinn. Die Kunden sind nicht komisch geworden, nur kritischer und beschweren sich schneller. Leider nach wie vor viel zu wenige, sie bleiben lieber weg. Schreibe die drei schlimmsten Fälle auf.

Welche Beschwerden? **Lösung** **Wie oft?**

1.) ____________ ____________ ____________

2.) ____________ ____________ ____________

3.) ____________ ____________ ____________

Ich finde es verrückt, wenn man dermaßen durch die Welt geht. Viele sind halb blind, ohne sich um das Wesentliche, in dem Fall mit den Kunden zu beschäftigen. Wie kann man als Firma derart agieren? Ich weiß, solange es Kunden gibt, ist alles kein Problem. Irgendwann kommt der Moment, wo es weniger werden. Die unzähligen Pleiten sprechen eine deutliche Sprache. Schreibe nun Deinen schlimmsten Fall auf.

Welche Beschwerden? **Lösung** **Wie oft?**

1.) ____________ ____________ ____________

Was denkst Du? Ist das Problem nicht zu lösen? Bestimmt, so wie alle Probleme zu lösen wären, wenn man sich damit beschäftigen würde. Aber von nichts tut sich nichts. Eine uralte Weisheit, die bis zum heutigen Tag ihre Gültigkeit hat.

Dein Fazit: ______________________________

Die einzelnen Abläufe

Es gibt Abläufe, die unbedingt einzuhalten sind, damit die Geschichte nicht eskaliert. Jeder einzelne in Deiner Firma muss sich im Klaren sein, dass ein Kunde, welcher sich beschwert, etwas Positives ist, das Beste was passieren kann. Hier geht es um Deine Einstellung, wie gehst Du damit um? Sehe es als Dankbarkeit, dass der Kunde überhaupt etwas sagt. So gibt er Dir zumindest die Chance, darauf reagieren zu können. Viel schlimmer sind die Kunden, die nie wieder kommen, diese sind für alle Zeiten weg. Was noch schlimmer ist, sie setzen andere davon in Kenntnis, das ist das Fatale an der Sache.

Alles im Leben hat System

Mich fasziniert das Leben jeden Tag aufs Neue. Es ist so genial und wundervoll, alles unterliegt einem gewissen System. Die Frage dabei ist, mit welchem Endergebnis, des Erfolgs oder Misserfolgs? Wir sind aber leider selten bereit, dem System und den Mechanismen intensiv auf den Grund zu gehen. Es bleibt für uns eher ein Geheimnis. Wir machen uns noch nicht einmal die Mühe, das finde ich schlimm. Du hast Dich von der großen Masse abgesetzt, gehst neue Wege und beschäftigst Dich damit. Mache so weiter und lasse Dich durch nichts irritieren.

Konsequent sein

Wenn man sich das System gemerkt hat, was und wie man die Dinge erfolgreich macht, geht es um das absolut konsequente Umsetzen. Weißt Du, was seltsam ist? Du bist schon total konsequent. Die Reichen sind absolut konsequent und machen permanent die richtigen Dinge, damit sie noch reicher werden. Die Erfolglosen sind auch absolut konsequent. Sie tun alles dafür, dass sie nie reich werden. In beiden Fällen liegt absolute Konsequenz vor. Du kannst und darfst entscheiden, welche Form die bessere ist.

Konsequenz mit System führt zwangsläufig zum Erfolg

Diesen Satz finde ich den absoluten Hammer. Benutze in Zukunft das Erfolgssystem, sei absolut konsequent in der Umsetzung und Du wirst zwangsläufig zum Erfolg geführt. Du kannst es nicht verhindern, ist das nicht wundervoll? Ich finde es ein Traum. Du musst es aber tun, das ist alles. Anfangen, umsetzen und Tag für Tag wiederholen.

Tägliche Kontrolle

Darüber haben wir bereits gesprochen. Es ist jedoch wichtig, solche entscheidenden Positionen zu wiederholen. In der permanenten Wiederholung liegt der Erfolg, weil es Wirklichkeit schafft. Machen, kontrollieren, vielleicht ändern, immer wieder aufs Neue. Es wird zur absolut ewigen Gewohnheit.

Zuhören

In der Regel kommen die Beschwerden in mündlicher Form. Der erste Schritt „Zuhören!" Gehe niemals in Opposition, sei aufmerksam, gehe auf Deinen Gegenüber ein. Du hast alle Chancen, kannst sie nutzen oder verstreichen lassen. Passe gut auf, wie das abläuft. Wenn Du Mitarbeiter hast, schule diese entsprechend. „Zuhören" bedeutet auch ungeteilte Aufmerksamkeit. Das ist ein dringlicher Aspekt, denn der hilft, dass sich der Kunde ernst genommen fühlt. Das ist leider in vielen Geschäften nicht der Fall. Da wird jeder Kunde, der sich erlaubt den Mund aufzumachen glattgebügelt. Unglaublich, dass man so ein Verhalten an den Tag legt. Da hast Du es schwer, dass sich die Dinge ändern. Bleibe dabei und gebe nicht auf, denn wer aufgibt, hat bereits im Vorfeld verloren.

Zeige Verständnis

Das hört sich simpel an und ist für viele nahezu unerreichbar. Das ist schade, denn dadurch, dass sich ein Kunde äußert, hast Du die Chance, eine große Meisterleistung an den Tag zu legen. Darum tue es, ohne mit der Wimper zu zucken. Die Kunden haben ein Anrecht darauf, wenn Du es professionell gestaltest. Viele Menschen erleben es Tag für Tag, dass man ihnen gegenüber kein Verständnis zeigt. Überprüfe bitte kurz, wann man Dir gegenüber Verständnis gezeigt hat.

Das heißt, den anderen anzunehmen, wie er ist. Leider wurde das während der Erziehungsphase nie an den Tag gelegt und selten in der Partnerschaft weitergeführt. Dabei gehört Verständnis, die Liebe den Kunden gegenüber, unbedingt dazu. Wichtig ist, dass man in Deinem Geschäft Menschen mag. Das sind die vier berühmten „M's."

„Man muss Menschen mögen!"

Wie oft hat man das Gefühl, wenn man irgendwo hingeht, dass genau das Gegenteil der Fall ist. Der Kunde wird als störend empfunden, das ist fatal. Viele haben es nach wie vor nicht erfasst, dass man von den Kunden lebt. Jeder Kunde hat eine riesige Auswahl an Möglichkeiten. Er ist nicht auf den Einzelnen angewiesen, hat die freie Auswahl, dies solltest Du Dir vor Augen führen und niemals außer acht lassen.

Nicke ab und zu

Während Dein Gegenüber erzählt, höre ihm aufmerksam zu und schaue ihn an. Nicke ab und zu, dass er erkennen kann, dass Du bei der Sache bist. Nicken bedeutet klar, Verständnis zu zeigen. „Wie kann ich das tun, wenn er vielleicht nicht im Recht ist?“ Das höre ich meist darauf, ist natürlich die falsche Einstellung. Es ist hierbei nicht die Frage, was Du meinst und siehst, sondern Du musst es aus der Sicht des Kunden sehen. Er fühlt sich unzufrieden und im Unrecht. Auch wenn Du das anders sehen magst. Um wen geht es? Um den Kunden, denn nur ein zufriedener Kunde wird wiederkommen.

Schaue dem Beschwerdeführer in die Augen

Das ist der nächste Punkt, nicht gelangweilt irgendwohin hinschauen, sondern Deinem Nochkunden exakt in die Augen. Ich bin erstaunt, wie viele genervt oder gelangweilt in die Gegend schauen. Das spürt der Kunde und reagiert dann noch gereizter. Deeskalation ist das Thema und dies in jeder Hinsicht. Achte darauf, dass unbedingt Frieden herrscht. Schaffe eine Atmosphäre des Vertrauens, in der ein Kunde sich wohlfühlen kann, denn über irgendetwas hat er sich geärgert. Es brodelt in ihm und er hat sich Mut gefasst, mit Dir darüber zu sprechen, welch ein Glücksfall.

Schreibe die Positionen auf

Gehe einen Schritt weiter, habe Papier und Bleistift zur Hand. Notiere Dir die Passagen, das hat mehrere Gründe. Erstens erkennt der Kunde, dass Du Interesse hast, es ernst nimmst. Zweitens hilft es Dir als Chef, über die Schriftlichkeit, das Thema mit den Mitarbeitern zu eruieren. Wenn Du sonst mit Mitarbeitern sprichst, glauben diese das oft nicht. Gibst Du ihnen die Notizen an die Hand, hat das eine andere Gewichtigkeit. Du kannst die Notizen sammeln und in die Akte „Beschwerde" abheften. Wenn Du mutig bist, sogar einscannen, was noch sinnvoller ist. Bitte die Dinge nie unter den Teppich kehren. Es sind geldwerte Chancen, und diese gilt es zu nutzen.

Bei schriftlichen Beschwerden

Hier haben wir die Erfahrung gemacht, dass es wesentlich leichter ist, mit den Leuten zu telefonieren. Aus folgenden Gründen, Schriftlichkeit erfordert viel Zeit. Gehen wir es gemeinsam durch. Der Kunde hat sich über irgendetwas geärgert. Er setzt sich hin und schreibt alles auf. Die Wahrscheinlichkeit, dass er das eine oder andere vergisst, ist relativ groß. Er schickt einen Brief, Fax oder die E-Mail los und hat sich ein bestimmtes Bild von der Antwort gemacht. Dieses musst Du erkennen können, um das Ganze zu einem zufriedenstellenden Abschluss zu bringen. Nur wenn Du die Vorstellungen nicht kennst, wird die Geschichte scheitern.

Hinzu kommt, dass Du den Brief formulieren musst. Dann wirst Du ihn nochmals durchlesen und erst später losschicken. Nimm lieber gleich den Hörer in die Hand und rufe an. Sage zum Beispiel „Guten Tag Frau Müller, mein Name ist XY ist bin der Chef, zuständiger Abteilungsleiter. (Wichtig jemand der Kompetenz hat und Entscheidungen treffen kann) Wir haben heute ihr Schreiben erhalten. Das hat mich bestürzt, da wollte ich es nicht auf die lange Bank schieben. Herzlichen Dank, dass sie sich die Zeit genommen haben, uns davon in Kenntnis zu setzen. Haben sie kurz Zeit, um darüber zu sprechen oder sollen wir lieber einen Termin vereinbaren?" Das ist eine total andere Ausgangsbasis. Der Kunde ist erstaunt und perplex, denn damit hätte er nie gerechnet.

Überzeugung durch außergewöhnliche Vorgehensweise

Überzeuge durch eine absolute Kundenorientiertheit. Das ist mit wenig Aufwand wunderbar zu bewerkstelligen. Überrasche den Kunden durch eine hohe Kompetenz, dann hast Du bereits im Vorfeld gewonnen. Lasse die Dinge auf keinen Fall schleifen, nach dem Motto „Ich kümmere mich nächste Woche darum oder später." Jede Stunde, die vergeht, ist ein verlorener Moment. Je länger das anhält, desto mehr entfernt sich der Kunde von Dir, denn Ärger ist wie ein schleichendes Gift.

Entschuldigen

Nachdem Du zugehört hast, folgt die Entschuldigung „Das tut mir sehr leid, Frau Müller!" „Wieso sollte ich mich entschuldigen, wenn ich vielleicht unschuldig bin?" Bei dieser Aussage muss ich schmunzeln. Zu sehr ist das Prinzip von Hauen und Stechen, in den Menschen verankert. Das ist nicht gut und kontraproduktiv für den geschäftlichen Erfolg. Lasse Dich nie wieder auf solch ein Niveau herab. Souveränität ist das Zeichen von Professionalismus.

Entschuldige Dich

Was kostet es, wenn Du Dich entschuldigst? Ist das ein großer Aufwand, kostet Dich das soviel Kraft? Ganz bestimmt nicht, im Gegenteil es bringt sogar Kraft und Energie. Du fühlst Dich dadurch beflügelt und der Erfolg wird Dir recht geben. Du weißt doch, was zählt? Es sind ausschließlich die Ergebnisse. Zufriedene Kunden sind durch nichts zu ersetzen. Also trage alles dazu bei, dass dies auch funktioniert.

Es tut mir leid

Ein aufrichtiges „Es tut mir leid!" Wenn Du Menschen magst und es ehrlich meinst, muss es Dir leidtun. Da kannst Du nicht gleichgültig durchs Leben gehen, nie und nimmer. Zählst Du Dich jedoch zu den Ignoranten, ist es Dir egal. Es interessiert Dich nicht im Geringsten. Nur dann solltest Du Dir schnellstens einen anderen Beruf suchen. Einen Job, in dem Du keine Menschen zu Gesicht bekommst.

Das ist nicht gut

Die nächste Aussage von Dir. Es ist in der Tat nicht gut, wenn solche Dinge geschehen, dass ein Kunde es überhaupt nötig hat, sich beschweren zu müssen. Natürlich können wir jetzt sagen, dass es die notorischen Nörgler gibt. Nur von denen sprechen wir hier nicht. Leute, die immer und überall am Jammern sind, sind die große Ausnahme. Wichtig ist nochmals, dass Du auf alle Fälle darauf achtest, dass Dir das Ganze nicht aus dem Ruder läuft, denn es gibt für manches den sogenannten „Point of no Return." Das wäre sehr schlecht, dann noch eine Änderung herbeiführen zu können, würde immer komplizierter werden. Wenn Du frühzeitig eingreifst, kann es gar nicht soweit kommen. Genau um das geht es in erster Konsequenz.

Das ist niemals in unserem Interesse

Sage dem Kunden aus ganzem Herzen, dass das niemals die Firmenphilosophie ist und Dir so etwas von fremd. Das Schlimmste ist, Ignoranz an den Tag zu legen. Erzähle den Kunden von der Firmenphilosophie, die lautet, dass alle Kunden zufrieden sind, das hat höchste Priorität.

Das ist dumm gelaufen

Sage auch, dass das Ganze dumm gelaufen ist und Du alles in die Wege leiten wirst, dass so etwas nie mehr vorkommt. An erster Stelle sollten Lösungen stehen und diese auch umgesetzt werden. Sei dankbar, dass der Kunde sich die Zeit genommen hat, mitzuhelfen, dass eine Änderung eingeleitet wird.

Was schlagen sie vor

Sage dem Kunden, dass Du das unbedingt wieder in Ordnung bringen möchtest, und gehe darauf ein, was er vorschlägt. In der Regel sind die meisten Kunden über solch eine Vorgehensweise dermaßen perplex, dass sie das Ganze abwiegeln. Frage bitte nochmals nach, damit der Kunde auch klar und deutlich erkennen kann, dass dies ernst gemeint ist und nicht irgendeine Floskel.

Wie können wir das wieder in Ordnung bringen

Ein wunderbarer Türöffner, der meistens hilft. Manche Kunden sagen dann „Schlagen sie etwas vor!" Das würde ich nicht tun, denn dann kann es leicht wie auf dem Basar ablaufen. Also, schenken wir uns diese Vorgehensweise. Der Kunde soll einen Vorschlag machen, dann können wir darauf reagieren. Wichtig ist nicht gleich „Ja" zu sagen, sondern ein wenig zu warten.

Welche Lösung gibt es

Wenn ein Kunde mit überrissener Forderung kommt, frage ihn einfach, welche anderen Vorschläge er noch hat. Es gibt nur wenige Kunden, die übertreiben. Die meisten sind glücklich und die anderen sollen sich nochmals Gedanken machen, dass Du eine Auswahl an Möglichkeiten hast. Dann kannst Du in Ruhe wählen, was das Beste ist. Zum Wohle des Kunden und der Firma.

Sie sind ein sehr wichtiger Kunde

Das hören die Menschen gerne und darauf lässt sich wunderbar aufbauen. Gib dem anderen stets das Gefühl von der Wichtigkeit seiner Person, denn genau das erhält er im Alltag zu selten. Je wohler er sich bei Dir fühlt, desto glücklicher und zufriedener ist er. Er wird bei Dir bleiben, in der Gewissheit, es woanders in dieser Form nicht zu erhalten.

Win-Winner-Situation

Das ist immer die beste Basis, die Win-Winner-Situation, in der es für beide Parteien hundertprozentig passt. In Harmonie und Frieden können die Unklarheiten zum Wohle aller beseitigt werden. Wenn jeder so denken würde, gäbe es nur Frieden und Harmonie pur auf dieser Erde. Deswegen bleibt uns nichts anders übrig, als wirklich gemeinsam daran zu arbeiten. Jeder Tag ist eine neue Chance, genau dieses Ziel zu erreichen.

Überprüfung

Wenn Du die Fakten hast, gilt es weiter in die Tiefe zu gehen. Für etliche Firmen, falls sie überhaupt so weit gelangen, wäre damit der Fall erledigt. Der Kunde ist zufrieden und wieder zurück im Alltagsgeschäft. Dadurch vergibt man sich jedoch eine große Chance, in die Materie einzutauchen und womöglich tief greifendere Erkenntnisse zu analysieren und zu eliminieren.

Wie viel Wahres liegt in der Beschwerde

Überprüfe erst den Wahrheitsgehalt der Botschaft. Wie viel Wahres liegt in der Botschaft? Was kannst Du damit anfangen. Wie heißt es so schön „In jeder Nachricht liegt ein Stück Wahrheit begraben!“ Deswegen sollte man nicht gleich hingehen und alles kategorisch als Unsinn oder nicht existent ablehnen. Das wäre ein fataler Fehler, den man begehen würde. Gehe völlig sachlich und nüchtern an die Analyse.

Überprüfung, wie es zustande kam

Meistens sind es bestimmte Mechanismen, die dazu geführt haben, diese gilt es zu überprüfen. Je genauer Du heraus findest, nach welchen Gesetzmäßigkeiten das abgelaufen ist, desto besser kannst Du eine Lösung ins Leben rufen. Ein wichtiger Aspekt zu wissen, wie die Dinge entstehen. Nur so lassen sich Gegenmaßnahmen entwickeln, um genau diese Phänomene zu vermeiden.

Ist das schon oft passiert

Wieso hat sich das so zugetragen und gibt es in der Firma eine gewisse Gesetzmäßigkeit, die permanent hierzu führt? Nichts geschieht umsonst, alles hat stets eine Ursache und was Du dann wahrnimmst, ist die Wirkung. Manchmal gut und manchmal eben genau das Gegenteil davon. Man ist absolut ein Narr, wenn man

Dinge, die fortlaufend passieren, so weiterlaufen lassen würde. Da gilt es unbedingt Abhilfe zu schaffen und dies sofort, möglichst für immer.

Was sind die Konsequenzen für die Firma

Wenn man solche Dinge erkennt, ist es wichtig, dass sofort Konsequenzen eingeleitet werden, um genau diese Geschichten zu vermeiden. Denn sie sind in der Tat unklug und schädigen langfristig mehr, als was man gerade aus einer Momentanaufnahme wahrnehmen möchte. Also heißt es klar, konkret, messbar und unmissverständlich Dinge, die sich wie ein roter Faden durch alles hindurch ziehen, mit aller Konsequenz zu beseitigen.

Schlimmster Fall

Wenn Du schon dabei bist, male Dir stets den schlimmsten Fall aus. Was ist das Schlimmste, was passieren könnte? Welches sind die Gegenmaßnahmen? Wie kann sofort der Notfallplan zum Tragen kommen. Wichtig ist sich fortlaufend auf den schlimmsten Fall einzurichten. Sonst kann es passieren, dass man völlig überrascht wird und in dem Stressmoment meistens zu Entscheidungen tendiert, die nicht klug sind.

Umsetzung

Was nützen die frommen Wünsche „Da müssen wir unbedingt etwas ändern, ist aber nicht gut!“ Und weiteren netten Aussagen. „Man müsste“ ist genauso bescheuert, wie „wir müssten.“ Dies ist keine klare Aussage, da helfen nur konkrete Vorgaben. Auch die Umsetzung ist von Wichtigkeit, denn je schneller Abhilfe geschaffen wird, desto mehr Ruhe kehrt ein. In der Ruhe liegt bekanntlich die Kraft und nicht in der Hektik.

Für den Kunden

In erster Linie gilt es, schnellstens für den sich beschwerenden Kunden, Abhilfe zu schaffen und alles zu tun, dass dieser zufrieden ist. Dies hat oberste Priorität, dann haben wir natürlich noch weitere Kunden. Was ist mit denen? Auch da muss darauf geachtet werden, dass alle zufriedengestellt sind. Oftmals ist es kein leichtes Unterfangen, in dem manchmal recht hektisch ablaufenden Tag. Gut geplant ist jedoch schon halb gewonnen.

Für die Firma

Welche Veränderungen bedeutet das für die Firma? Dies gilt es zu hinterfragen, zu überprüfen und dann die Änderungen einzuleiten. Da bist Du als Unternehmer gefragt. Genauso wie Deine Mitarbeiter, Lieferanten, die mit in das Thema involviert werden.

Neue Standards

Neue Standards müssen auf alle Fälle her. Wenn wir alles beim Alten lassen, ist die Wahrscheinlichkeit sehr groß, dass es sich wieder genauso abspielen wird. Standards müssen schriftlich festgehalten und von jedem Einzelnen unterschrieben werden. Nur so fühlt sich auch jeder angesprochen.

Schulung der Mitarbeiter

Glaube nur nicht, dass wenn Du es Deinen Leuten einmal sagst und sie unterschreiben lässt, alles erledigt ist. Bei Weitem nicht, denn die Macht der Gewohnheiten ist so stark, dass es schwierig ist, überhaupt etwas zu verändern. Folglich muss genau dies im Auge behalten werden und dann konsequent an der Vermeidung und Umsetzung, der neuen Strategien gearbeitet werden.

Belohnungssystem bei null Beschwerden

Eine schöne Hilfe, ein Belohnungssystem mit einzubauen. Es lohnt sich, zu beachten, dass möglichst fehlerfrei durchs Leben gegangen wird. Fehler halten unnötig auf und kosten Energie, die für wesentlich Sinnvolleres eingesetzt werden kann.

Kontrolle und nachfassen

Wenn Du bis hierher gekommen bist, geht es darum unbedingt nachzufassen. Viele gehen leider dazu über zu glauben, dass alles in Ordnung ist, dies ist jedoch nicht so. Im Anschluss berichte ich von einigen netten Fällen aus meinem Leben, mit wie wenig man einen Kunden zufriedenstellen kann und wie kompliziert die meisten Menschen vorgehen.

Kunden zufriedenstellen

Wenn die Beschwerde abgearbeitet wurde, geht es darum, mit dem Kunden nochmals zu reden und ein sogenanntes Abschlussgespräch zu führen. Du solltest Dich bei ihm bedanken und fragen, ob alles zu seiner vollsten Zufriedenheit erledigt, oder in Ordnung gebracht wurde. Wenn der Kunde bejaht, freue Dich mit ihm. Sollte es tatsächlich noch ein „Nein" geben, frage nach. Dann geht das Prozedere wieder von vorne los. Habe Geduld, auch wenn es Dir vielleicht reicht. Erst wenn dieser Prozess noch einige Male so durchgeführt wird, kannst Du es definitiv abhaken.

Überprüfung der neuen Regularien

Überprüfe Deine Firma, ob alles genau übernommen wurde. Führe immer wieder Kontrollen durch. Wenn Du es geschickt machen willst, führe einen sogenannten „Mysterycheck" durch. Eine fiktive Beschwerde, um zu sehen, was da exakt abläuft. Die Wahrscheinlichkeit, dass einige Deiner Leute wieder ins alte Muster verfallen, ist relativ groß. Darum passe gut auf Dich und Deine Firma, mit dem gesamten Team auf. Gebe Dich nie dem Trugschluss hin, dass alles in Ordnung ist.

Kunde nachhaken, mit einem neuen Angebot

Einige Tage später hat es sich gut bewährt, wenn Du dem Kunden ein spezielles Angebot machst. Ich bin mir sicher, in Deiner Firma gibt es genügend Dinge, die man als Angebot verpacken kann. Dein Kunde wird sich darüber freuen und dankbar sein.

Danke sagen an Kunde und Team

Dies ist ein weiterer Schritt, immer wieder dankbar zu sein und nichts als reine Selbstverständlichkeit zu sehen. Das tun leider die meisten und die Chance, dass man mit solch einer Einstellung scheitert, ist relativ groß. Wehret bei allen Dingen den Anfängen. Das ist die Voraussetzung, um ganz weit nach vorne zu kommen.

Führe immer KvP durch

KvP muss für Dich zum festen Bestandteil werden. Es gibt nichts Wichtigeres im Leben, als den kontinuierlichen Verbesserungs-Prozess, für den privaten so wie auch den geschäftlichen Bereich einzusetzen und immer konsequent durchzuführen. Er wird Dich und Deine Firma, um ein Vielfaches nach vorne bringen.

Frage stets nach dem Besseren

Es gibt hierzu eine einfache Formel, die jedoch schlussendlich viel bewirkt. Sie lautet

Aus einem „Miserabel“	machst Du ein „Gut“
aus einem „Gut“	machst Du ein „Sehr gut“
aus einem „Sehr gut“	machst Du ein „Outstanding“ und
das „Outstanding“	belässt Du, wie es ist

Eine simple Formel, die von den wenigsten Menschen praktiziert wird. Dabei ist es wichtig, denn es gibt immer eine Steigerungsform. Du darfst niemals auf einer Stufe stehen bleiben. Achte stets darauf, dass Du Dich steigerst. Solltest Du schon an der Spitze sein, arbeite daran, dass Du dort bleibst. Der Abstieg kommt wesentlich schneller, als Du denkst. Du brauchst Jahre, sogar Jahrzehnte, bis Du oben bist, jedoch nur wenige Monate, um erneut ganz unten angekommen zu sein.

Wer ist für KvP zuständig

Jeder Einzelne trägt seinen Teil dazu bei. Keiner darf davon ausgenommen werden. Jeder vom Team trägt die Verantwortung, dass es in seinem Bereich stimmt und stets das nächsthöhere ins Visier genommen wird. Man sollte alles daran setzen, um das zu erreichen. Mit der Zeit, wird das den Beteiligten viel Freude bereiten. Man wird sich wohlfühlen und nicht mehr anders können, als den nächsthöheren Bereich anzustreben. Eine Welt, für die es sich Tag für Tag lohnt, in Angriff zu nehmen. Faszination pur erwartet Dich in allen Belangen.

Freue Dich darauf

Sieh es wie bei der Olympiade. Das Einzige, was wirklich zählt, ist die Goldmedaille. Gold, als die höchste Auszeichnung, die es anzustreben gilt. Um zu Gold zu gelangen, muss man sich gewaltig anstrengen. Das ist kein Geschenk des Himmels, welches man nebenbei erhält. Hartes Training, Durchhaltevermögen und eiserne Disziplin, sind hierfür erforderlich.

Zum Abschluss einige Geschichten von Firmen

So wie wir das für den privaten Bereich gemacht haben, jetzt einige nette Geschichten aus dem Geschäftsleben. Sehr interessant, um daraus zu lernen und bei so manchem kann man auch schmunzeln. Lasse Dich inspirieren, natürlich gibt es noch mehr Fälle. Das würde aber den Rahmen des Buches sprengen.

Ärzte

Die Nummer kennst Du bestimmt, nach ewigem Warten, geht es schnell zum Arzt und mindestens so schnell bist Du wieder draußen. Wie fühlt sich das an? Bestimmt nicht witzig, die Ärzte darauf angesprochen, meinen lapidar, dass das System schuld sei.

Lösung: Als Patient ist es ganz einfach. Suche Dir einen Arzt, der sich Zeit für Dich nimmt. Auch von diesen Ärzten gibt es genug, man muss sie nur finden. Solange Du jedoch das Spiel mitmachst, darfst Du nicht erstaunt sein. Es braucht immer zwei dazu, einen der es versucht und den anderen, der es zulässt. Als Arzt wäre es überlegenswert, ob man nicht doch lieber eine Änderung einbauen möchte.

Autohäuser

Die finde ich besonders nett. Du willst ein Auto kaufen, gehst in ein Autohaus. Vielleicht hast Du Glück und der Verkäufer spricht Dich an. Oder es ist so wie in vielen Häusern, in denen Du eine Weile wartest, bis man sich Deiner erbarmt. Dann erklärst Du Deine Wünsche und die Wahrscheinlichkeit ist groß, dass man versucht, Dir diese auszureden. Mir ist es schon häufig so ergangen.

Beispiele: Beim Kauf eines Cabrios wollte ich eines mit der größten Maschine. Da meinte der Verkäufer doch tatsächlich, dass dies Unsinn wäre, so etwas bräuchte man nicht. Zudem wäre es wirtschaftlich gesehen verrückt, so viel Geld auszugeben. Erstens in der Anschaffung, zweitens im Unterhalt. Der pure Wahnsinn, was diese Maschine an Benzin benötigt.

Nächstes Beispiel: Ich wollte ein Fahrzeug mit Allradantrieb. Das würde man bei uns in Deutschland nicht brauchen, wäre Quatsch. Da frage ich mich, was sind das für Verkäufer? Vielleicht fragt man vorher den Kunden, wofür er solche Fahrzeuge benötigt. Da hätte ich ihm sagen können, dass ich oft in die Schweiz, nach St. Moritz fahre. Da schaut das Ganze doch schon anders aus.

Nächstes Beispiel: Als Audi-Fan habe ich viele Jahre von einem A8 geträumt. Dann war es endlich soweit, dass ich mir das Fahrzeug leisten konnte. Nach drei Jahren hatte ich den Wunsch, wenigstens einmal in meinem Leben, einen 12-Zylinder zu fahren. Ich teilte dies meinem Autoverkäufer mit, er wollte sich darum kümmern. Nach einigen Wochen habe ich nachgehakt und er meinte, er sei noch nicht dazu gekommen. Ich hatte keine Lust zu warten und kaufte dieses Fahrzeug bei einem anderen Händler, welcher sehr bemüht war. Kaum stand das Auto im Hof, rief mich der Autoverkäufer an und fragte, was das zu bedeuten hätte.

Er geht davon aus, dass es sich nur um ein Probefahrzeug handelt. Was ihn irritieren würde, dass meine Nummernschilder bereits montiert wären. Ich teilte ihm mit, dass er sich nicht mehr bemühen muss. Das Fahrzeug wäre bereits gekauft. „Wieso haben sie nicht gewartet?" „Wieso haben sie sich nicht gemeldet?" Dann kommt die beste Aussage „Ich habe nicht gedacht, dass sie sich solch ein Fahrzeug überhaupt leisten können." Ist das nicht klasse? Ich entscheide immer noch über meine Geldbörse, dazu brauche ich keine Hilfe. So könnte ich Dir in 40 Jahren Autogeschichte noch etliches erzählen. Das würde aber den Rahmen dieses Buches bei weitem sprengen.

Nächstes Beispiel Werkstatt: Auch hier könnte ich Dir manche lustige Geschichte erzählen. Ich denke, Du kennst auch einige Geschichten, was die Werkstatt anbelangt. Angefangen von einem Top-Service, bis hin zum Chaos. Die Autozeitschriften, welche die Werkstätten testen, sprechen eine deutliche Sprache.

Lösung: Was willst Du genau? Sei Dir dessen bewusst. Heutzutage ist es kein Problem, im Internet zu recherchieren und alle Fakten zu sammeln. Da kannst Du ohne weiteres Anfragen direkt per E-Mail starten. Wenn Du nach wie vor bevorzugst, direkt ins Autohaus zu gehen, solltest Du genau wissen, was Du willst. Schaue Dir das Geschäft gut an. Es geht nicht nur um den Verkauf, sondern auch um die Werkstatt, diese ist mindestens so wichtig. Gekauft ist das Auto schnell und was ist danach, wenn wirklich etwas kaputt geht?

Geschäfte allgemein

Egal, welches Geschäft Du nimmst, in vielen Fällen lässt der Service zu wünschen übrig. So können wir ruhigen Gewissens von der Servicewüste Deutschlands sprechen. Den Dienstleistenden ist der Gedanke des Dienstes fern. Es ist für viele lästig und mühsam. Das ist schade und da ist dringend ein Umdenken erforderlich.

Lösung: In dem Moment, wo Du als Kunde genau weißt, was Du willst, fordere es ein. Wenn Dir das eine Geschäft es nicht erfüllen kann, gehe zum nächsten Anbieter. Das ist doch überhaupt kein Problem in der heutigen Zeit. Ganz im Gegenteil, es gibt zum guten Glück von allem genug.

Hotels

Ein spannendes Thema. Was sich da alles Hotel nennt, spannend sind auch die Kunden. Darüber habe ich ein Buch, mit dem Titel „Servicewüste Hotels“ verfasst. Geschrieben für das Hotel und für den Kunden. Es ist aufgeteilt in Rechte und Pflichten. Hier geht es in erster Linie darum, dass Du Dich als Gast wehrst. Du musst Dir nichts bieten lassen. Wozu auch? Der Hotelier will von Dir gutes Geld haben, deswegen muss er auch gefälligst eine Top-Leistung erbringen. Wenn nicht, wehre Dich, Du musst Dir nie wieder etwas bieten lassen.

Lösung: Was willst Du? Wovon träumst Du? Was nicht funktionieren wird, ist von einem Fünf-Sterne-Hotel zu träumen und nur ein Ein-Sterne-Hotel zu buchen. Dass es divergiert, ist wohl klar. Die Ansprüche und Anforderungen steigen, je höher die Sternezahl ist, das versteht sich von selbst.

Führe keine Grundsatzdiskussionen

Zum Ende noch eine dringliche Botschaft für Dich. Führe nie Grundsatzdiskussionen. Wozu auch, was bringen diese? Doch nichts, jeder Mensch hat seine Sicht der Dinge. Ich habe Dir hier einiges geschrieben. Da bin ich sicher, dass Du bei dem einen oder anderen den Kopf geschüttelt hast und mit manchem bist Du nicht einverstanden. Das ist völlig normal und gut so. Stelle Dir vor, alle Menschen wären gleich, der Gedanke ist doch schrecklich.

Wer diskutiert, verliert

Ich finde diesen Satz so genial, speichere ihn Dir fest ab. „Wer diskutiert, verliert!" Gewöhne es Dir an, nie wieder zu diskutieren. Es ist das Letzte, was Du machen kannst. Erstens schädigst Du Dich selbst, das ist schlecht. Zweitens schaffst Du Dir dadurch keine Freunde. Wenn man anfängt, schießt es übers Ziel hinaus und das ist für beide Parteien ungesund.

Wie fühlst Du Dich nach einer Diskussion

Bestimmt nicht gut, vielleicht kannst Du sagen „Dem habe ich es aber gezeigt." Klasse, und was hast Du davon? Muss man auf so etwas stolz sein? Hast Du nichts anderes, worauf Du stolz sein kannst? Ich hoffe schon, denn es wäre schade, wenn sich alles darauf beschränken würde.

Jeder hat seine Sicht der Dinge

Das ist auch gut so. Du weißt nicht, woher der andere kommt, was er alles erlebt hat und welche Glaubenssätze er sein Eigen nennt. Das ist völlig in Ordnung, darum lasse auch jeden da, wo er ist. Du kannst Informationen geben, wenn Du aber merkst, dass der andere auf seinem Standpunkt beharrt, lasse ihn. Es ist das Recht von jedem Menschen und das ist auch gut so. Bleibe Du bei Dir und Deiner Souveränität.

Mit Dir kann man nicht diskutieren

Dies ist richtig, denn mir ist meine Lebenszeit und -qualität zu wichtig, um sie mit solch unnützen Dingen zu vergeuden. Ich habe es früher bis zum Exzess gemacht, jetzt schon lange nicht mehr. Meine Aufgabe ist es, Informationen zu geben und was jeder einzelne daraus macht, liegt nicht in meiner Hand. Genauso wie mit diesem Buch. Ob Du ab sofort ein Beschwerdemanagement einrichtest oder nicht, musst Du wissen. Es kann sein, dass Du sagst „Das ist so toll, ich setze alles um." Oder „Das war schwach, mir fehlen etliche Dinge." Auch das ist völlig in Ordnung, weil es Dein Leben ist. Damit machst Du genau das, was Du willst.

Passe gut auf Dich auf

Gehe Deinen Lebensweg unbeirrbar, ohne nach rechts oder links zu schauen. Wenn jemand Dich begleiten möchte, ist es wunderschön, wenn nicht, ist es doch auch in Ordnung, so solltest Du das Ganze sehen.

Abschlusswort

Ich danke Dir von Herzen, dass Du so super mitgemacht hast. Es waren spannende Momente, wunderschöne und auch ärgerliche. Wir haben die gesamte Bandbreite der Empfindungen durchlaufen. Jetzt liegt es an Dir, was Du daraus machst. Entweder betrachtest Du es als Unsinn und denkst, dass bei Dir alles anders ist, oder Du siehst es als reale Chance, die Dinge zum Erfolg und zu einer großen Kundenzufriedenheit zu führen. Du hast im Leben alle Möglichkeiten, das finde ich wunderbar in und an unserem Leben. Wir haben stets die große und freie Wahl. Es liegt ausschließlich an uns, ob wir ein großartiges Leben führen oder das Gegenteil davon. Ob wir am Ende unserer Tage sagen können „So ein tolles Leben habe ich geführt. Es gab nichts, was ich ausgelassen habe, ich bin stolz auf mich."

Das Wichtigste dabei ist, dass ich glücklich bin und mich eine tiefe Zufriedenheit beseelt. Wenn Du am Ende Deiner Tage so etwas Schönes sagen kannst, herzlichen Glückwunsch. In diesem Fall hast Du gewonnen. Wenn nicht heißt es, dass Du dringend einige Korrekturänderungen vornehmen solltest, bevor es zu spät ist. Es wäre fatal, wenn Du Dein Leben derart tristen würdest. Wenn ein Buch zu Ende geht, habe ich stets ein weinendes Auge, weil es zu Ende geht und wir uns in dieser Form, mit Deinen Empfindungen und Wissen, nicht mehr begegnen. Was ich Dir ans Herz legen kann, ist das Buch öfters zu lesen. Die ständige Wiederholung lohnt sich. Ein lachendes Auge, weil ich weiß, Erfolgreiche sehen sich wieder.

In diesem Sinne das Allerbeste für Dich

Dein Ernst Crameri

Meine und unsere Dienstleistungen

Da ich der Meinung bin, dass das Leben spannend und aufregend ist, habe ich mich nie mit einer einzigen Sache begnügt. Ich wollte immer wesentlich mehr tun und haben. Ein Mensch hat unendliche Fähigkeiten, darum gilt die Theorie von „Schuster bleib bei Deinen Leisten" schon lange nicht mehr. Vergessen Sie das, und man den erlernten Beruf beibehalten sollte, ist auch ein Ammenmärchen. Das Leben ist vielseitig und spannend, wenn wir etwas daraus machen. Deshalb freue ich mich sehr, Ihnen die verschiedensten Dienstleistungen vorzustellen. Gemeinsam mit meinem Team ist es unser Anliegen, Sie in Ihrer Weiterentwicklung zu unterstützen, Sie zu verwöhnen und dazu beizutragen, dass Sie ein wundervolles Leben auf Erden führen können.

Hier die Dienstleistungen nach alphabetischer Reihenfolge
Wählen Sie aus dem großen Leistungsspektrum und fragen Sie nach den Konditionen. Gerne sind wir für Sie da und beantworten Ihnen alle Fragen, denn glückliche und begeisterte Kunden sind unser Ziel.

- Bücher
- Einzelbehandlungen (Fitness/Wellness/Schönheit)
- Erfolgsproduzent und –coachings
- Events
- Hoteltesting
- Hörbücher
- Mystery X Tests
- Naturkosmetik-Produkte
- Privat-Jet
- Reisen

- Schönheitsfarm
- Seminare
- Vorträge

Bücher schreiben

Sie erhalten von uns Bücher, zu den verschiedensten Themen, rund um das Leben. Ebenso bieten wir Ihnen das Ghostwriting an. Das heißt, wir schreiben mit Ihnen und für Sie Ihr Buch. Ganz wichtig für Unternehmer, denn ein eigenes Buch schafft eine wunderbare Reputation. Wenn Sie ein neues Produkt auf den Markt bringen, ist es ideal, wenn Sie das passende Buch dazu anbieten. Als Fachmann zeigen Sie durch ein eigenes Buch eine hohe soziale Kompetenz.

Unsere Kunden, die sich von der Masse der Mitbewerber abheben wollen und damit einen anderen Nimbus erhalten. **Ärzte,** die ihre spezielle Behandlung publizieren. **Hotels,** die über ihr Haus mit besonderen Eigenheiten berichten. **IT-Firmen,** die etwas Neues entwickelt haben, weitere Firmen, quer durch alle Branchen und natürlich Privatpersonen.

Wieso Ernst Crameri: Weil er zurzeit bereits 67 Bücher geschrieben hat und weitere folgen. Weil er weiß, wie es in der Branche abgeht, welche besonderen Kenntnisse erforderlich sind, ein Buch zu schreiben und zum Erfolg zu bringen.

Einzelbehandlungen (Fitness/Wellness/Schönheit)

Wir leben nur ein Mal und unseren Körper nennt man auch den Tempel, in dem die Seele und der Geist wohnt. Damit der Organismus lange auf einem hohen Level funktioniert, ist es dringlich, dass wir ihn pflegen, für ihn da sind. Bei uns erhalten Sie Behandlungen von Kopf bis Fuß. Von intensiver Massage, über fernöstliche Behandlungen und den verschiedensten Spezialanwendungen. Näheres auf der Webseite www.wellness-einzelbehandlungen.de.

Unsere Kunden sind Menschen, die mehr für sich tun wollen. Den Zeitgeist klar erkannt haben, wie wichtig es ist, dass man sich behandeln und pflegen lässt. Vom jungen Menschen, bis hin ins höchste Alter hinein. Männer wie Frauen, die sich verwöhnen lassen.

Wieso Ernst Crameri: Weil er aufgrund der 40-jährigen Erfahrung einen riesigen Fundus an Wissen und Können mitbringt. Durch die Hotelberatungen und -tests weiß er auch, wie es läuft. Ein qualifiziertes Team an Behandlern wartet auf Sie.

Erfolgsproduzent – und coachings

Als Erfolgreicher ist eines wichtig, das Erfolgswissen weiter zu vermitteln und anderen Menschen zu helfen, zum Erfolg zu gelangen. Das ist in jeder Hinsicht eine wundervolle Aufgabe. Es gibt verschiedene Arten von Coachings, einmal vor Ort in den Firmen, dann am Telefon. Es geht mit täglichen und wöchentlichen Coachings los. Wenn eine Veränderung stattfinden soll, ist es dringlich, dass man dran bleibt. Denn die alten Gewohnheiten lassen sich nicht über Nacht über Bord werfen. Es ist stets ein längerer Prozess, ein Reifeprozess, der da stattfindet.

Wer sind die Kunden, von kleinen Kindern bis hin ins höchste Alter. Es sind einerseits Menschen, die die stärkende und beschleunigende Funktion des Coachings für ihre Entwicklung nutzen möchten oder Menschen, die Grundlegendes in ihrem Leben verändern möchten. Für die es so, wie bisher nicht mehr weiter gehen kann. Wichtig dabei ist der klare, eiserne Wille zur Veränderung. Von Einzelpersonen aus allen Schichten und Berufszweigen, bis hin zu großen Firmen.

Wieso Ernst Crameri: Weil er weiß, wie man aus Menschen Spitzenleistungen rausholt, diese mit einem Lachen und dennoch der nötigen Ernsthaftigkeit zum Erfolg führt. Erfolg ist kein Zufall, sondern planbar.

Events

Wir organisieren große Events, für die verschiedensten Veranstalter. Dabei übernehmen wir die komplette Dienstleistung der Lokationssuche, bis hin zum Catering und kompletten Handling, damit die Veranstaltung reibungslos abläuft. Unsere Erfahrung beruht auf der Organisation von vielen eigenen, wie auch Kunden-Events in der gesamten Welt. Viele Firmen vertrauen uns und lassen für ihre besten Mitarbeiter Incentives ausrichten.

Wer sind unsere Kunden, Firmen und Seminarveranstalter, die das Handling einem Profi überlassen. Genauso wie Einzelpersonen, die ein außergewöhnliches Fest, wie zum Beispiel Hochzeit, Geburtstag oder sonstige Festivitäten ausrichten.

Wieso Ernst Crameri: Events zu organisieren erfordert einen riesigen logistischen Aufwand, es sind viele Parameter, die zusammen spielen, damit es reibungslos über die Bühne geht. Ein qualifiziertes Team steht Ihnen mit Ernst Crameri während der Veranstaltung vor Ort zur Verfügung und managt den gesamten Ablauf.

Hotel- und Schiffstesting

Es gibt viele Hotels und auch Schiffe, die leider manchmal noch nicht ihre Performance erreicht haben. Sehr oft stimmt die Hardware komplett, jedoch die Software passt nicht. Beim Team, angefangen von der Direktion bis hin in die einzelnen Abteilungen, da klemmt es oft.

Wer sind unsere Kunden, von kleinen Hotels und Schiffen, bis hin zu großen Hotelketten und Reedereien. Alle Dienstleister, die bereit sind, eine höhere Wertschätzung den Kunden, den Gästen gegenüber aufzubringen und das Gast-Dasein auch entsprechend zelebrieren.

Wieso Ernst Crameri: Weil er 80% seiner Zeit on the way ist und dies fast immer in Hotels. Das hat ihn dazu bewogen, das Buch „Servicewüste Hotels" zu schreiben, vollgepackt mit Tipps und Know-how. Ein Meisterwerk mit über 300 Seiten, geschrieben für den Gast als auch für den Hotelier und seine Mitarbeiter.

Hörbücher

Hörbücher als wunderbares Instrument, für die Fort- und Weiterbildung. Ideal beim Autofahren, als sogenannte rollende Universität, um neues Wissen zu erlangen. Ebenso beim Sport und auch im Alltag einsetzbar.

Wer sind die Kunden, von der Einzelperson bis hin zu Firmen, die für ihre Mitarbeiter die Hörbücher bestellen und verschenken. Oder sogar als Pflichtprogramm für das eigene Team einsetzen. Nur wer permanent trainiert, hat Erfolg.

Wieso Ernst Crameri: Weil er mit seiner Sprache voller Begeisterung, die Leute motivieren kann. Die Sprache und Ausdrucksweise muss fesselnd sein und die Zuhörer begeistern. Es muss im Gegenüber etwas ausgelöst werden. Ein sich Wiederfinden, um in die Umsetzung zu gelangen. Umso hilfreicher, wenn es in einer Sprache geschieht, die den Menschen eigen ist, keine hochakademischen Worthülsen, sondern Kommunikation auf Augenhöhe.

Mystery X Tests

Als Kunde in Geschäfte gehen und einkaufen, den Service, die komplette Dienstleistung zu überprüfen, um nachher die positiven wie negativen Seiten mit der Geschäftsleitung und dem Team zu analysieren. Danach in die Veränderung zu gehen, durch Training vor Ort.

Wer sind die Kunden, jeder der ein Geschäft hat und auf Servicequalität und Kundenzufriedenheit großen Wert legt. Denn die heutige Konkurrenzsituation ist riesig, wenn ein Kunde nicht zufrieden ist, geht er gleich. Dies gilt es zu vermeiden, und für die Kunden stets die allerbeste Leistung zu bieten.

Wieso Ernst Crameri: Weil er die Zusammenhänge schnell erkennt und die Firmen wieder in den positiven Mehrwertbereich für die Kunden führt. Jede Firma hat sogenannte Leichen im Keller, aber auch Goldadern. Erstere gilt es zu eliminieren und die Goldadern zu bergen, um Erfolg auf der ganzen Linie zu haben.

Naturkosmetik-Produkte

Herstellung und Vertrieb der eigenen Crameri-Naturkosmetik-Produktelinie, seit fast 30 Jahren. Kein riesiges Sortiment, sondern ein straffes und hochkarätiges, für jeden Hauttyp. Spannend auch als White-Labeling, die Produkte erhalten das Etikett des Kunden und sind somit seine eigene Produktlinie.

Wer sind die Kunden, der Endverbraucher, welcher jeden Monat die Produkte für den persönlichen Bedarf bezieht. Schönheitsfarmen, Kosmetikstudios, Friseure, Masseure, Physiotherapeuten, Farb- und Stilberaterinnen, Fußpfleger, Fachgeschäfte und Hotels beziehen die Produkte. Bei White-Labeling handelt es sich um dieselben Kunden.

Wieso Ernst Crameri: Weil die Crameri-Naturkosmetik GmbH seit 39 Jahren erfolgreich auf dem Markt ist, und Sie in ihr einen zuverlässigen Partner an Ihrer Seite haben. Von der Produktion bis hin zur Vermarktung.

Privat-Jet

Ein absoluter Traum, in den Privat-Jet einzusteigen und dies ohne lange Kontrollen und Warten. Die Maschine steht bereit, die Triebwerke angemacht, Sie fahren an und wenige Minuten später befindet sich der Jet bereits in der Luft. Schneller und bequemer geht es nicht.

Wer sind die Kunden, Einzelpersonen, die schnell von A nach B müssen. Skiflüge nach St Moritz, zum Autorennen nach Monte Carlo, nach Sylt und weitere spannende Flüge. Firmen, die ihre besten Kunden oder Mitarbeiter zu einem Incentive einladen. Auch Privatpersonen, die das Besondere lieben.

Wieso Ernst Crameri: Weil die Firma seit über 29 Jahren in diesem Metier vertreten ist. Ernst Crameri ist in der Regel stets persönlich dabei und betreut die Gäste vor Ort.

Reisen

In die gesamte Welt, am meisten Kreuzfahrten auf Flussschiffen und auf den Weltmeeren. Mit wunderbaren Rahmenprogrammen, wie besonderen Ausflügen, Vorträgen und Seminaren. Ebenso exklusive 5* Hotels, auf der ganzen Welt.

Wer sind die Kunden, Einzelpersonen, die gerne auf den Events dabei sind und Firmen, die Incentivereisen für ihr Team und ihre Kunden durchführen. Die besondere Belohnung für außergewöhnliche Menschen.

Wieso Ernst Crameri: Weil er die schönsten und besten Schiffe persönlich kennt. Bei den Reisen meistens selbst dabei ist, sodass der direkte Kontakt gegeben ist. Und wenn er nicht dabei ist, gibt es perfekte Betreuung durch sein qualifiziertes Team.

Schönheitsfarm

Naturkosmetik-Schönheitsfarm, mit ganzheitlichen Behandlungen von Kopf bis Fuß. Damit Sie sich richtig schön verwöhnen und die Seele baumeln lassen können.

Wer sind die Kunden, Frauen, die sich etwas Besonderes gönnen und Männer. Diese sind immer stärker auf dem Vormarsch. Einzelpersonen buchen, genauso wie Frauen die ihre beste Freundin oder Mutter mitbringen, bis hin zu Vereinen und Firmen. Männer, die aufs Seminar kommen und die Frauen werden in der Zeit verwöhnt.

Wieso Crameri-Naturkosmetik: Seit 40 Jahren auf diesem Markt und auch in der Ausbildung im Beauty&Wellnessbereich tätig. Ein hoch qualifiziertes Team wartet auf die Gäste.

Seminare

Zum Thema Erfolg und alles, was damit zusammenhängt, ganzheitliche Rhetorik, Erfolgsdenken, Geldseminare, Ausbildungen zum Beauty&Wellness-Spezialisten, Erfolg im Internet, Social Media und vieles mehr.

Wer sind die Kunden, Einzelpersonen, die sich fort- und weiterbilden möchten. Firmen, die ihr Team zum Training und zur Ausbildung schicken.

Wieso Ernst Crameri: Durch Tausende von Schulungen und Seminaren, Top im Training und stets auf dem Laufenden. Ferner Mitglied bei der GSA, German Speakers Assoziation. Mit großer Leidenschaft und Begeisterung auf vielen Veranstaltungen dabei.

Vorträge

Spannende und fesselnde Vorträge vor kleinem und großem Publikum. Vorträge zu den verschiedensten Themen rund um das Thema Erfolg, Durchhaltevermögen, Zielsetzung, Lebenswerke und zum kompletten Persönlichkeitsthema.

Wer sind die Kunden, Organisationen, die ihn engagieren, Verbände, Vereine und Firmen. All jene, die Idee, Gedanken, Innovationen zulassen und die Veränderung im heutigen Zeitalter bewirken möchten. Die den Weg schaffen wollen, in eine Welt des Erfolges. Ebenso offene Seminare, die von Ernst Crameri direkt durchgeführt werden.

Wieso Ernst Crameri: Durch die brillante Sprache und Ausdrucksweise, ein fesselnder Redner, welcher das Publikum begeistert. Sein Schweizer Akzent und Humor begeistert die Zuhörer im In- und Ausland. Vorträge in Rätoromanisch, Italienisch, Französisch, Hochdeutsch und Schweizer Deutsch. Gewinner des internationalen Speaker Slam Awards.

Bei Fragen wenden Sie sich bitte direkt an

Crameri-Naturkosmetik GmbH
Mannheimerstr. 11b
67098 Bad Dürkheim
Tel. 0049-6322-5734
Fax 0049-6322-66071
E-Mail: Sekretariat info@crameri.de
Geschäftsleitung: gn@crameri.de
Website: www.crameri.de

Ein Auszug aus unseren Werken

Ein Millionär als Traumpartner

ISBN: 978-3-86689-000-8
19,80 € (D)

Fange endlich an zu leben

ISBN: 978-3-86689-001-5
19,80 € (D)

Wahrheit und Klarheit im Kosmetik- und Wellness-Institut

ISBN: 978-3-86689-002-2
19,80 € (D)

Horror - Eingewachsene Zehennägel

ISBN: 978-3-86689-003-9
19,80 € (D)

Gib niemals auf, sei kein Verlierer

ISBN: 978-3-86689-008-4
19,80 € (D)

Bist Du ein Mörder?

ISBN: 978-3-86689-004-6
19,80 € (D)

Bist Du ein Huhn oder ein Adler

ISBN: 978-3-86689-018-3
19,80 € (D)

Der unendliche Schmerz der Verlassenen

ISBN: 978-3-86689-009-1
19,80 € (D)

Servicewüste Hotels

ISBN: 978-3-86689-010-7
29,80 € (D)

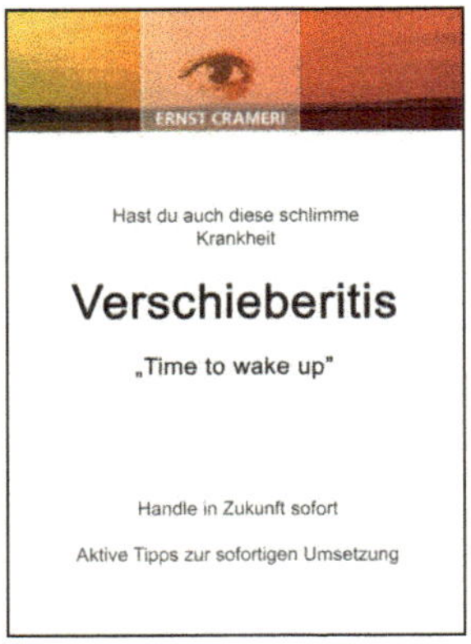

Hast Du auch diese schlimme Krankheit - Verschieberitis

ISBN: 978-3-86689-005-3
24,80 € (D)

Wieso hast Du so wenig Durchhaltevermögen

ISBN: 978-3-86689-006-0
19,80 € (D)

Höre endlich auf zu jammern

ISBN: 978-3-86689-022-0
19,80 € (D)

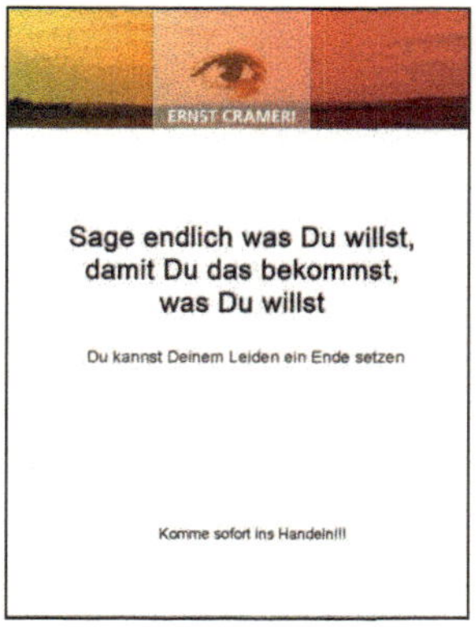

Sage endlich was Du willst, damit Du das bekommst, was Du willst

ISBN: 978-3-86689-014-5
19,80 € (D)

Sprich nie mehr negativ

ISBN: 978-3-86689-013-8
19,80 € (D)

Die 20 Erfolgsverhinderer

ISBN: 978-3-86689-021-3
24,80 € (D)

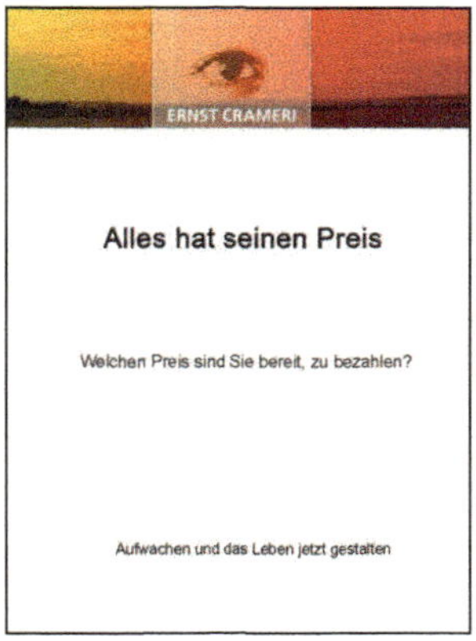

Alles hat seinen Preis

ISBN: 978-3-86689-0206
19,80 € (D)

Lifelong learning
und Du wirst unschlagbar

ISBN: 978-3-86689-015-2
19,80 € (D)

Vita von Ernst Crameri

Ernst Crameri erblickte im Oktober 1959 in St. Moritz (Schweiz) das Licht der Welt. Er wuchs in einem einfachen Elternhaus auf. Als kleines Kind machte er meist das Gegenteil von dem, was von ihm erwartet wurde. Im Kindergarten und der Schule ging es oft rund. Als Heranwachsender machte er jeden Streich mit, und durfte dafür an freien Nachmittagen im Sommer Rasen mähen und im Winter zum Schneeschaufeln auf dem Schulhof antreten.

Sein Traum war, ein Leben im Reichtum. Prägend waren vier Schlüsselerlebnisse. Im Winter wollte er neue Skier und einen Skipass. Sein Vater konnte nicht beides kaufen. Da ging er mittags nach der Schule in ein Kohle/Holzlager. Dort schaufelte er Kohle und stapelte Holz. Dadurch konnte er sich mit 12 Jahren einiges leisten. Dieses Gefühl der Freiheit war für ihn gigantisch. Das zweite Erlebnis war in der Schule, wenn es galt einen 2 bis 3-seitigen Aufsatz zu verfassen. Er fand das super, und so wurden es meist Werke mit über 30 Seiten. Diese Aufsätze wurden vorgelesen und prämiert.

Sein Traum war Koch zu werden und so schickte ihn sein Vater nach Lenzerheide, zu einem Cousin, der einen Hotelbetrieb führte, in die Schnupperlehre. Gleich musste er als Koch einspringen und die Schikanen nahmen täglich zu. Als er das Zimmer mit weiteren Mitarbeitern teilen musste und sein erster Lohn aus dem Zimmer gestohlen wurde, ging es den Berg runter.

Sein Vater war begeistert, dass die Verwandtschaft aus Ernst einen lebensgerechten Menschen formt, ganz nach seinem Geschmack. Die Mutter war den Tränen nahe, als ihr Sohn die Lehre aufgab. Ernst griff zur äußersten Maßnahme und legte sich beim Unterricht mit dem Rektor an. Er flog im hohen Bogen von der Schule und damit war automatisch das Thema Kochausbildung beendet. Dies war das dritte Schlüsselerlebnis.

Danach begann er in St. Moritz in einem Sportgeschäft eine Lehre als Kaufmann. Der zweite Tag, kurz vor Feierabend brachte den Durchbruch. Da kam eine südamerikanische Familie ins Geschäft. (12 Personen) Das Oberhaupt sagte einen einprägsamen Satz „We need only the best" das kannte er bisher nicht. Nach gut einer Stunde war der Einkauf beendet und Ernst durfte an der Kasse eintippen, da stand die Zahl von CHF 128.000,00. Der Chef fragte ihn „Was schaust Du so?" Er zeigte auf die Kasse und da meinte der Inhaber „Daran wirst Du Dich gewöhnen!"

Das war für ihn eine neue Welt. Kurz darauf kam der Skilehrer, der die Familie gebracht hatte, ins Geschäft und bekam CHF 12.800,00 für die Vermittlung. In dem Moment war für Ernst klar, dass er den Weg gehen wird. Nach der Lehre verließ er das Sportgeschäft. Im Winter war es klar, den Weg als Skilehrer zu gehen. Die Überbrückung war das Thema, also was tun im Sommer und so arbeitete er eine Zeit lang als Hilfsarbeiter bei einer Dachdeckerei. Es war nicht der Traumjob, er brauchte aber Geld und damit wieder Unabhängigkeit. Der Versuch als Tennislehrer oder Golflehrer tätig zu sein, war von kurzer Dauer. Er heuerte bei einer Baufirma an. Wenige Tage später stellte ihm jemand ein Bein, obwohl niemand in seiner Nähe war und er rutschte den Hang herunter. Notarzt, Intensivstation und Therapie. Er ging ins Heilbad zur Therapie. Dort freundete er sich mit einem der Therapeuten an und fand Gefallen an dieser Arbeit.

Er ließ sich zum Masseur und Therapeuten ausbilden. Sein Traum war, auch Kosmetiker zu sein. Das war zur damaligen Zeit ein Ding der Unmöglichkeit. Die Schulen wollten von einem Mann nichts wissen. Ergo sprach er mit einer Kosmetikerin und machte mit ihr ein Geschäft, sie bekommt regelmäßig Massagen und bildet ihn dafür zum Kosmetiker aus. Ernst war immer sehr schnell lösungsorientiert.

Im Winter war er als Skilehrer tätig. Morgens vor Skibeginn, fuhr er mit seiner tragbaren Massageliege von Villa zu Villa, von Hotel zu Hotel. Danach den Tag über Skiunterricht und abends wieder Massagen und Kosmetikbehandlungen.

Danach als Discjockey, bis frühmorgens. Kurz ins Bett und dann ging es wieder von vorne los. Im Sommer besuchte er seine Gäste im In- und Ausland. Abgeholt von Privatjets, auf Jachten, in Villen. Da verliebte er sich in die Tochter eines Industrieellen. Das fand der Vater nicht so gut. Einen Tag später musste er die Villa verlassen, das war ein herber Schlag in seinem vermeintlichen Erfolgsleben.

Dadurch verstand er, dass man nur reich ist, wenn man das Geld auch selbst in den Händen hält. Als Masseur, Kosmetiker, Skilehrer und Discjockey hatte er ein vierfaches Einkommen. Entsprach aber nie dem Einkommen seiner Gäste, die ihn als Skilehrer zum Beispiel zum Mittagessen einluden. Das kostete gleich mal CHF 600,00, und wenn er als Skilehrer essen ging, waren es gerade CHF 8,00! CHF 800,00 waren sein Monatslohn, das hat ihn sehr beschäftigt.

Für den Sommer hatte er für Australien einen Vertrag als Austauschskilehrer in der Tasche. In der letzten Woche lernte er eine Frau aus Deutschland kennen, die später seine Ehefrau wurde. Er hat es nicht übers Herz gebracht, wegzufliegen und stornierte den Vertrag. Er pendelte einige Jahre zwischen Deutschland und der Schweiz hin und her. Da er nicht als Angestellter arbeiten wollte, startete er mit der Selbstständigkeit als Masseur/Kosmetiker. Um überhaupt Fuß zu fassen, lief er von Haustüre zu Haustüre und klingelte. Ab und an ließ ihn jemand herein und so baute er sich einen kleinen Kundenstamm auf. Um sich stärker zu etablieren, engagierte er sich als Dozent an der Volkshochschule, beim Hausfrauenbund, bei Vereinen/Verbänden. Dadurch gelangte es ihm schnell, sich einen soliden Kundenstamm aufzubauen.

Später kam ein Haus der Schönheit hinzu, die ersten Schönheitsfarmen, eine eigene Naturkosmetik-Produktelinie. Permanente Fort- und Weiterbildungen im In- und Ausland. Er hat in der Schweiz die Chance erhalten, als Referent und Ausbilder für Gesundheitsberufe tätig zu sein. Das machte ihm viel Spaß vor Menschen zu stehen und sie zu lehren. Immer mehr Coachings kamen dazu, Trainings, Seminare und so baute er verschiedene Geschäftszweige auf. Sein größter Wunsch ist dank ganz viel Fleiß und Durchhaltevermögen in Erfüllung gegangen, für andere Menschen da zu sein und ihnen den Weg des Erfolges zu zeigen. Mit zurzeit über 67 Büchern, circa 200 Seminartagen und unzähligen Coachings ist er für die Menschen da. Sein großes Credo **„Es gibt ein Leben vor dem Tod!“**